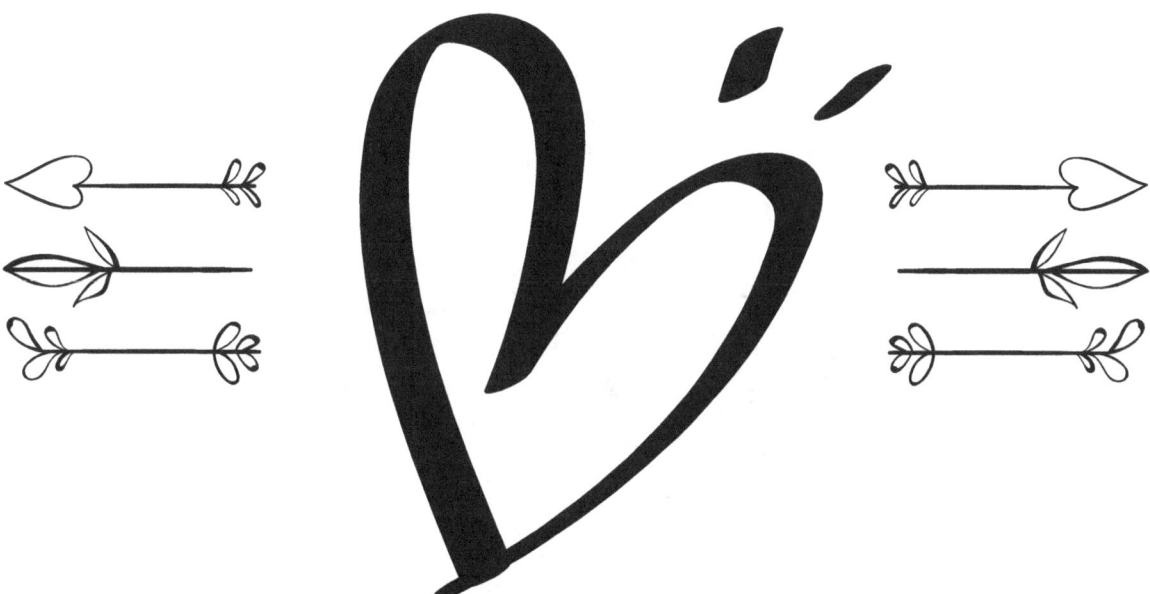

Este Libro Pertenece a

Color Esta Flamenco

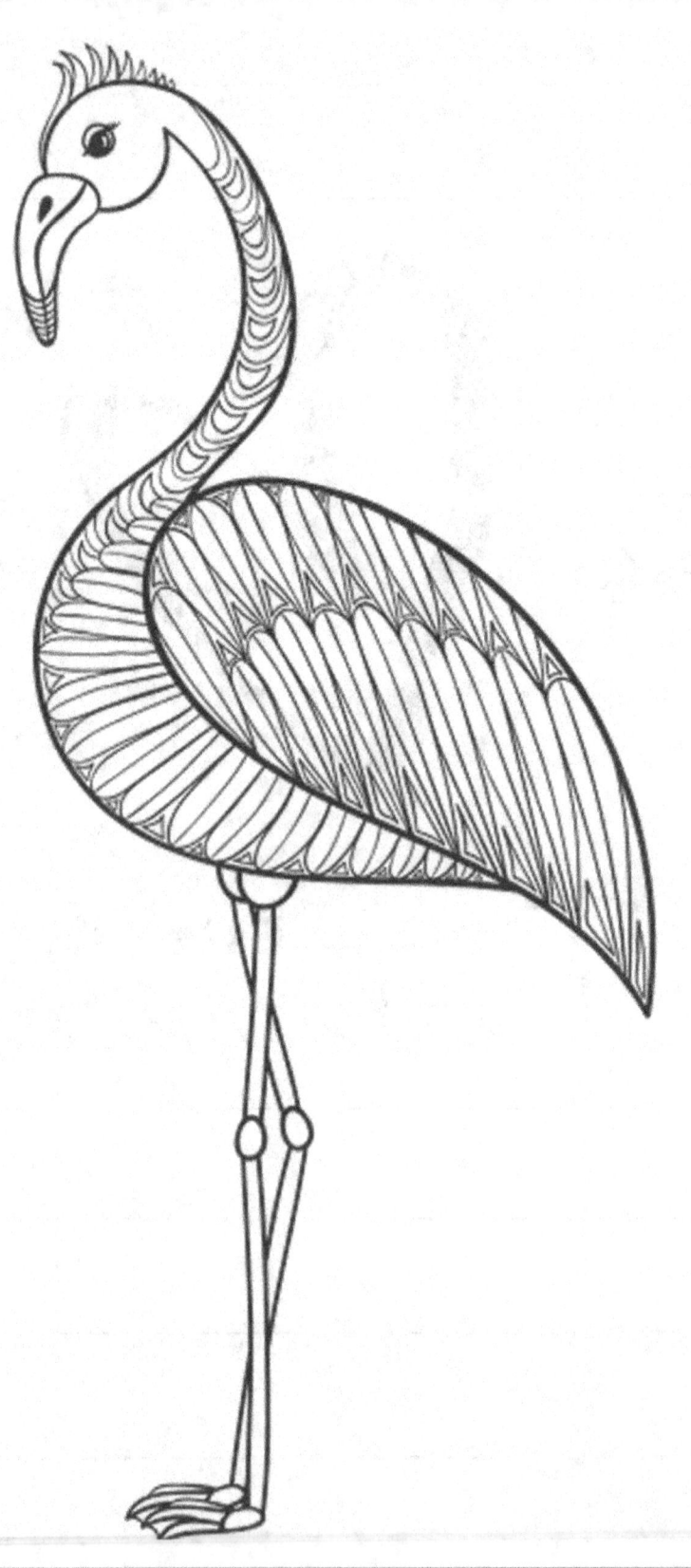

Color Esta Flamenco

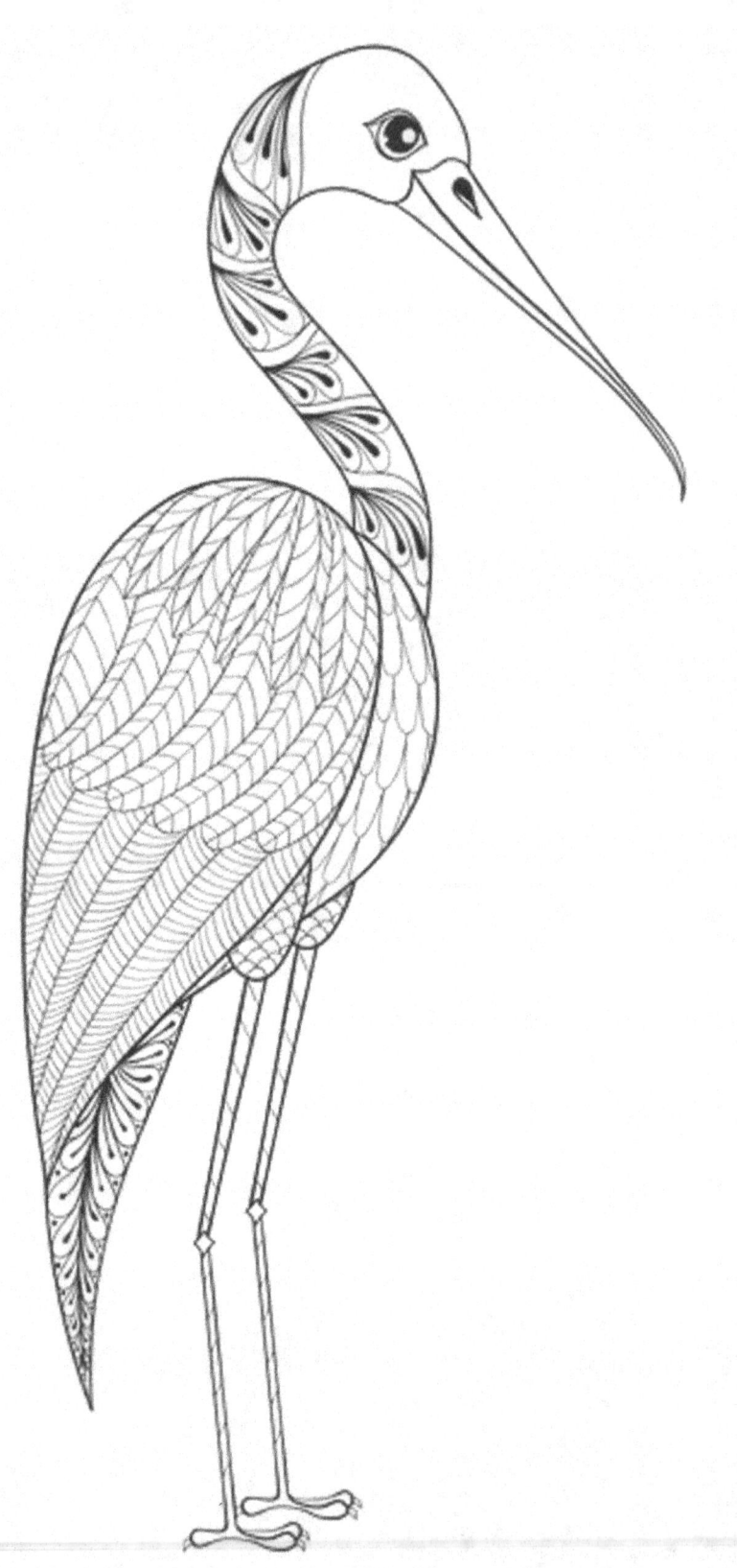

Color Esta Flamenco

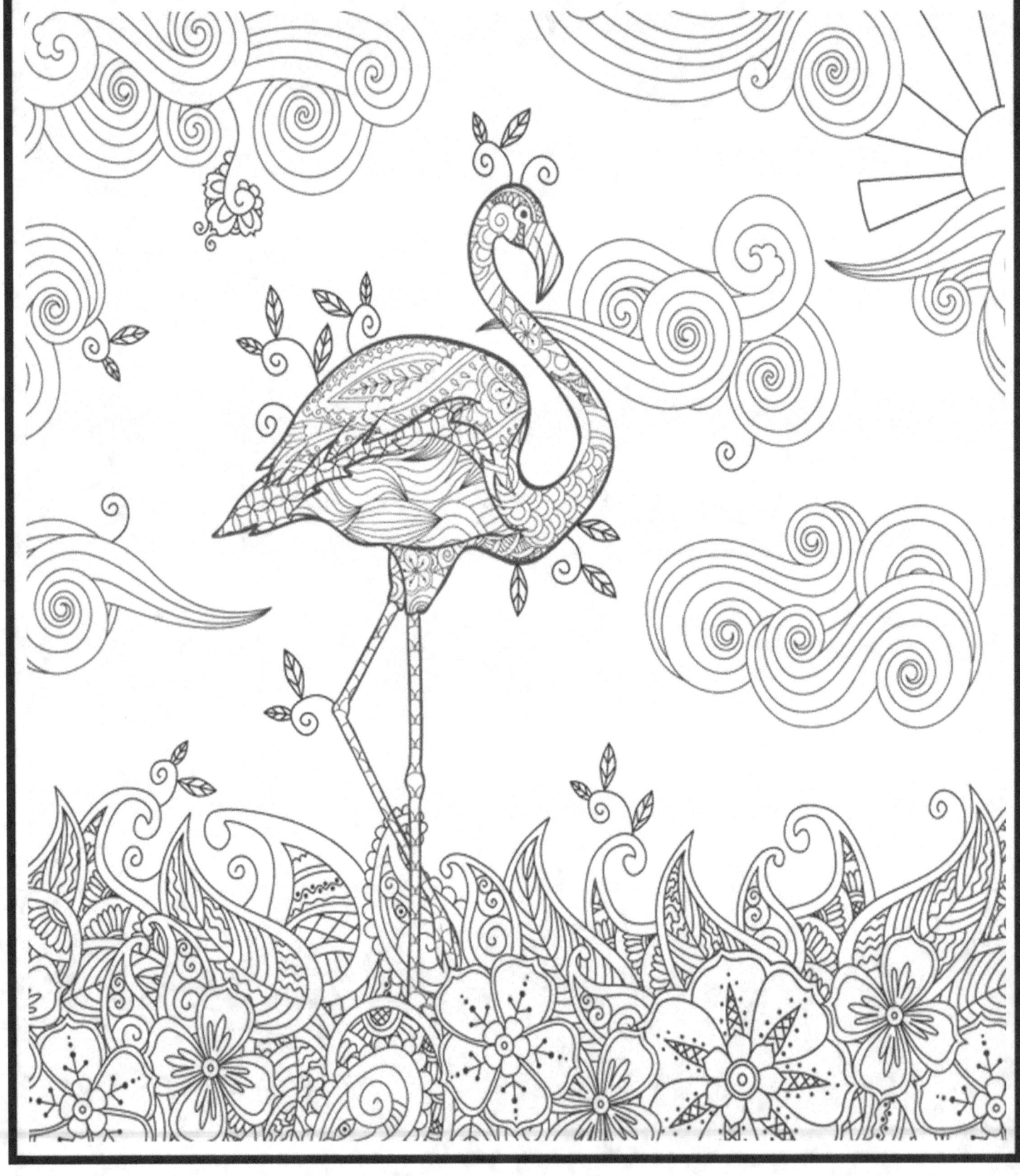

Color Esta Flamenco

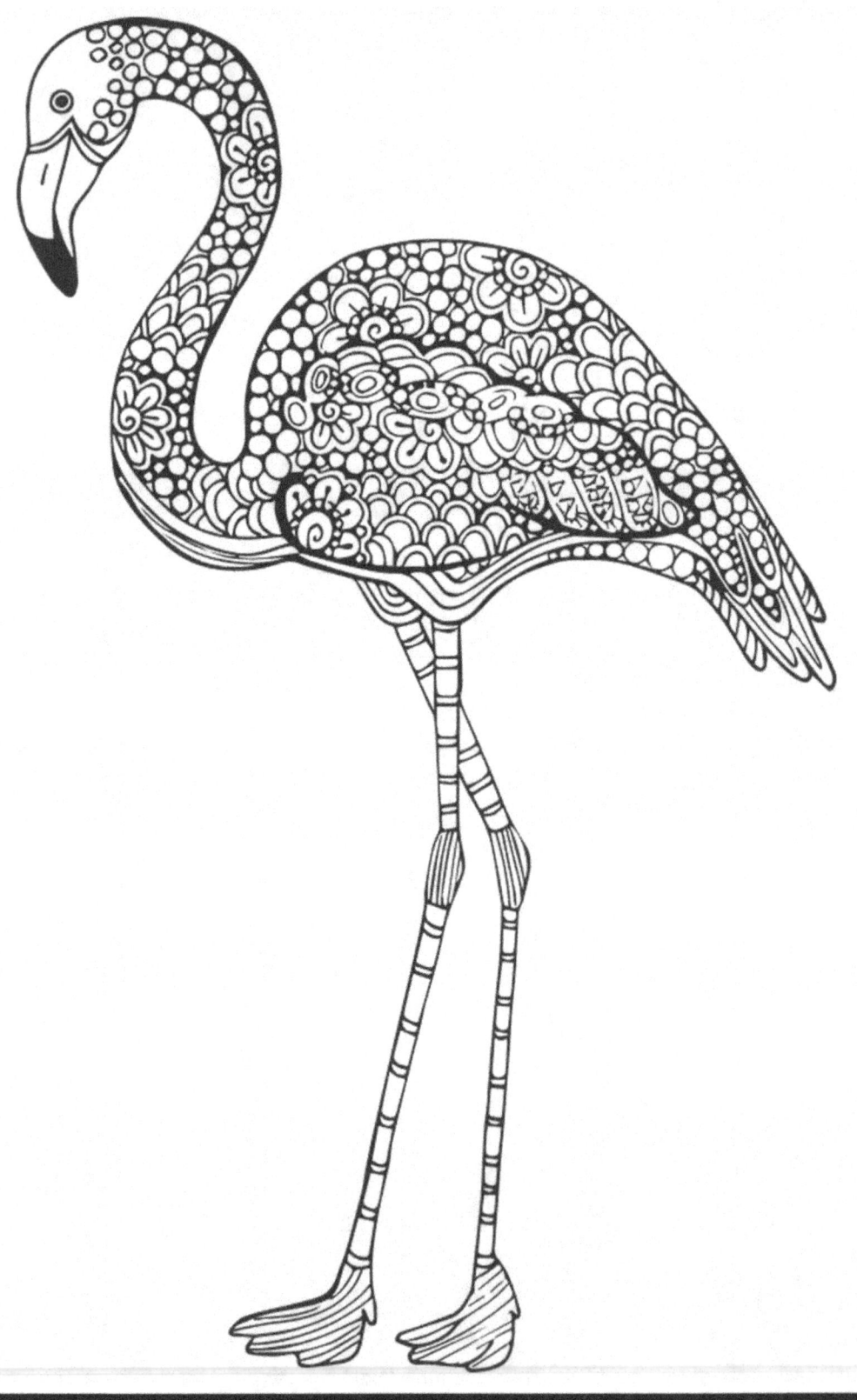

Color Esta Flamenco

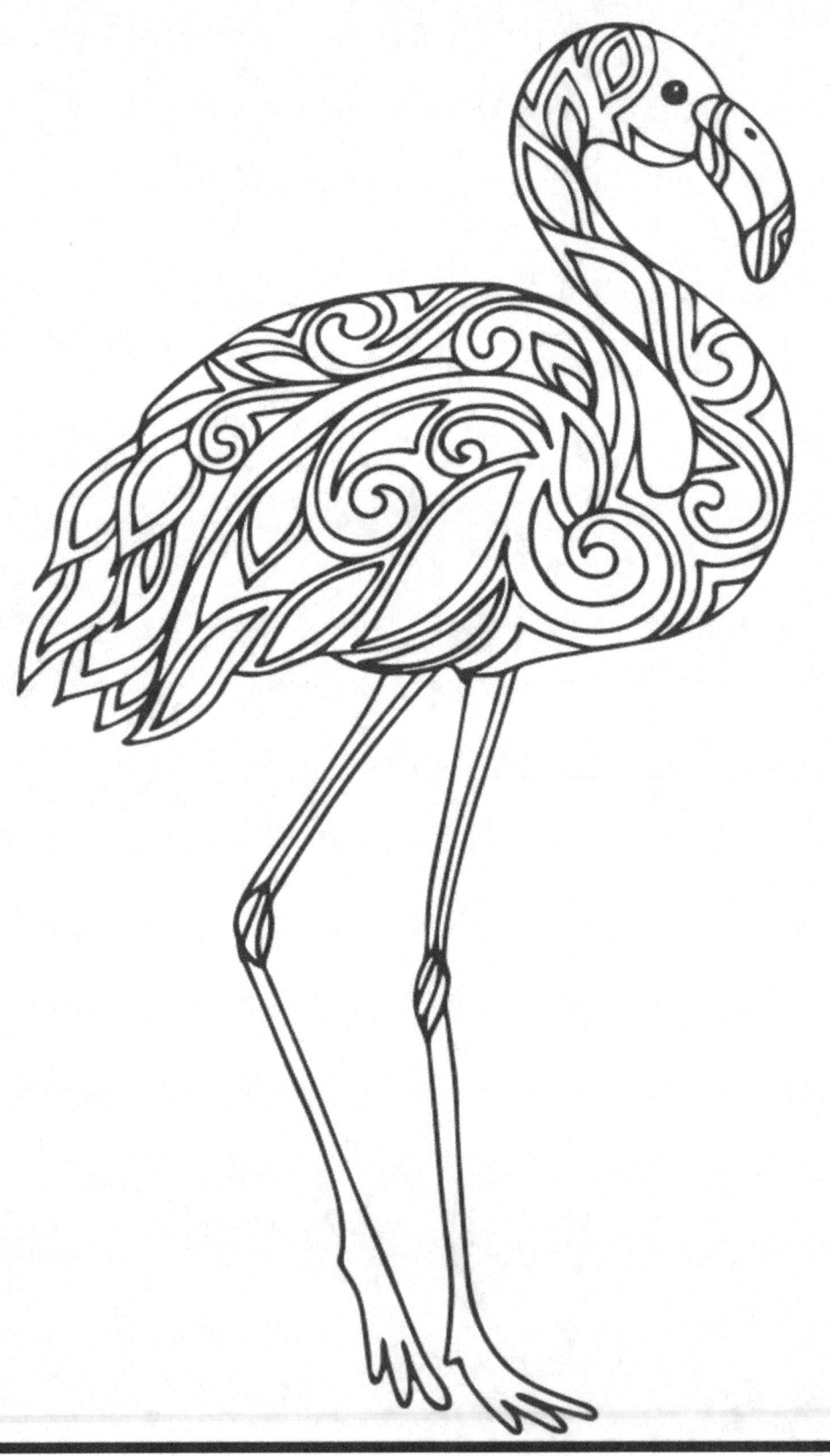

Color Esta Flamenco

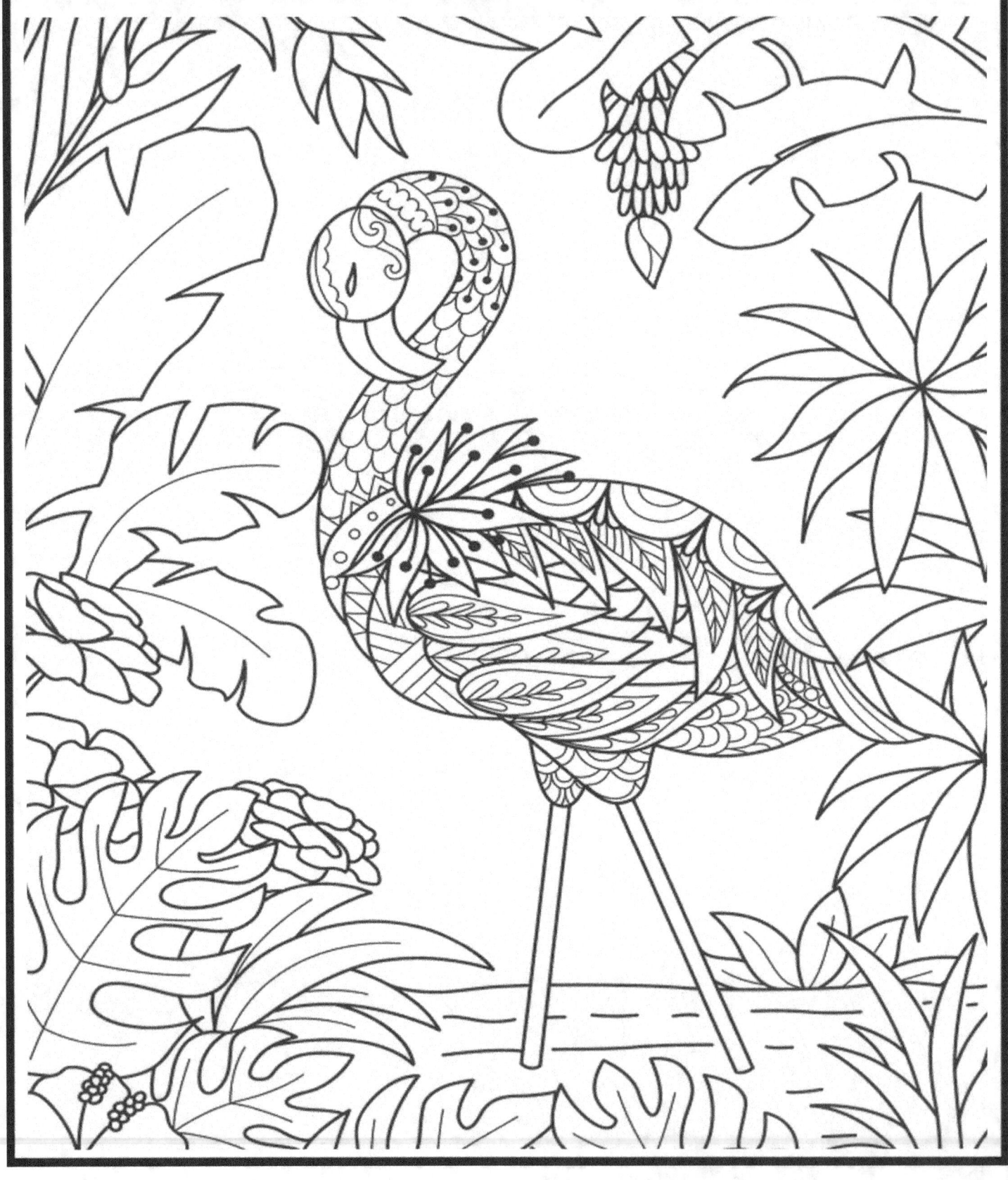

Color Esta Flamenco

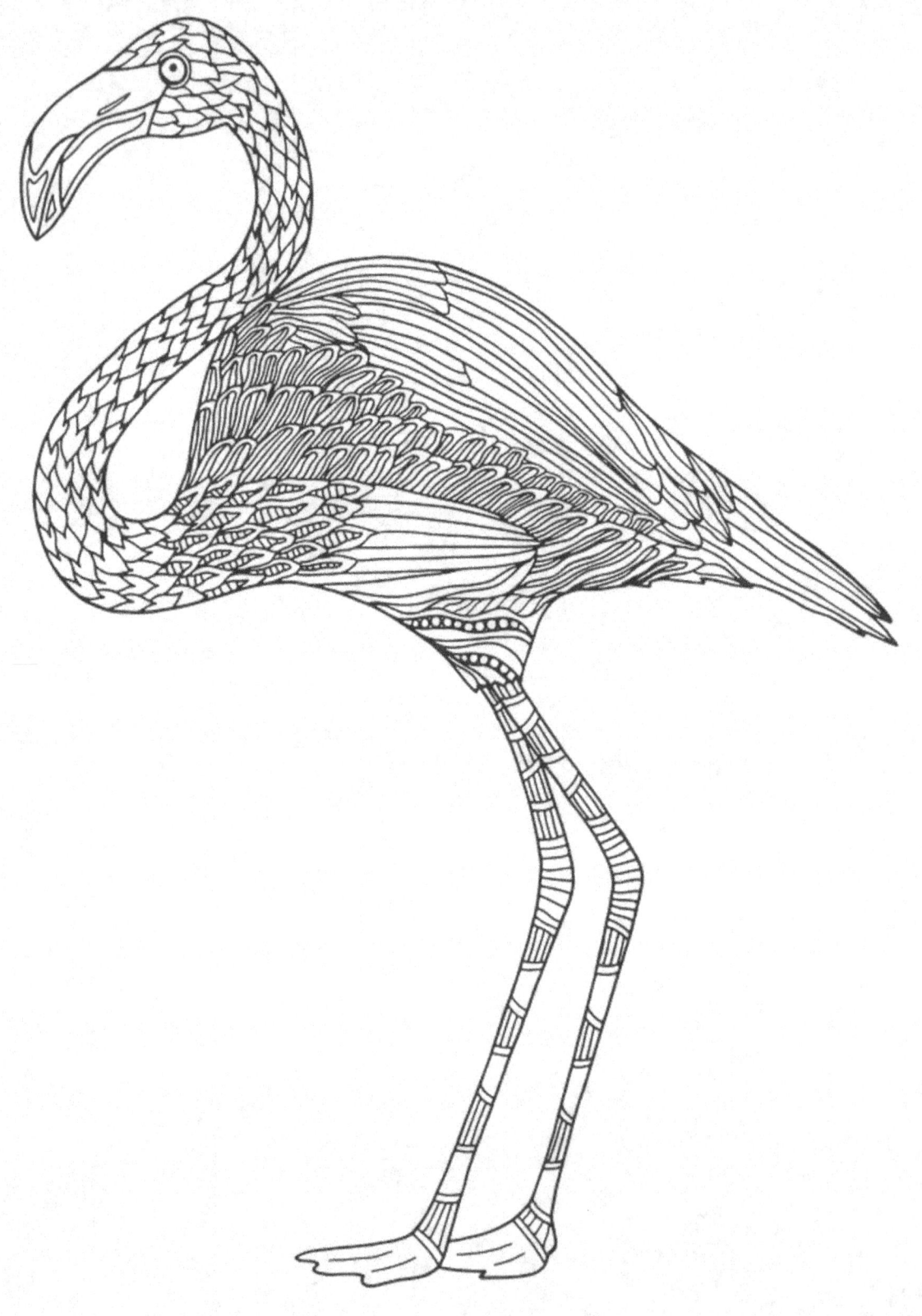

Color Esta Flamenco

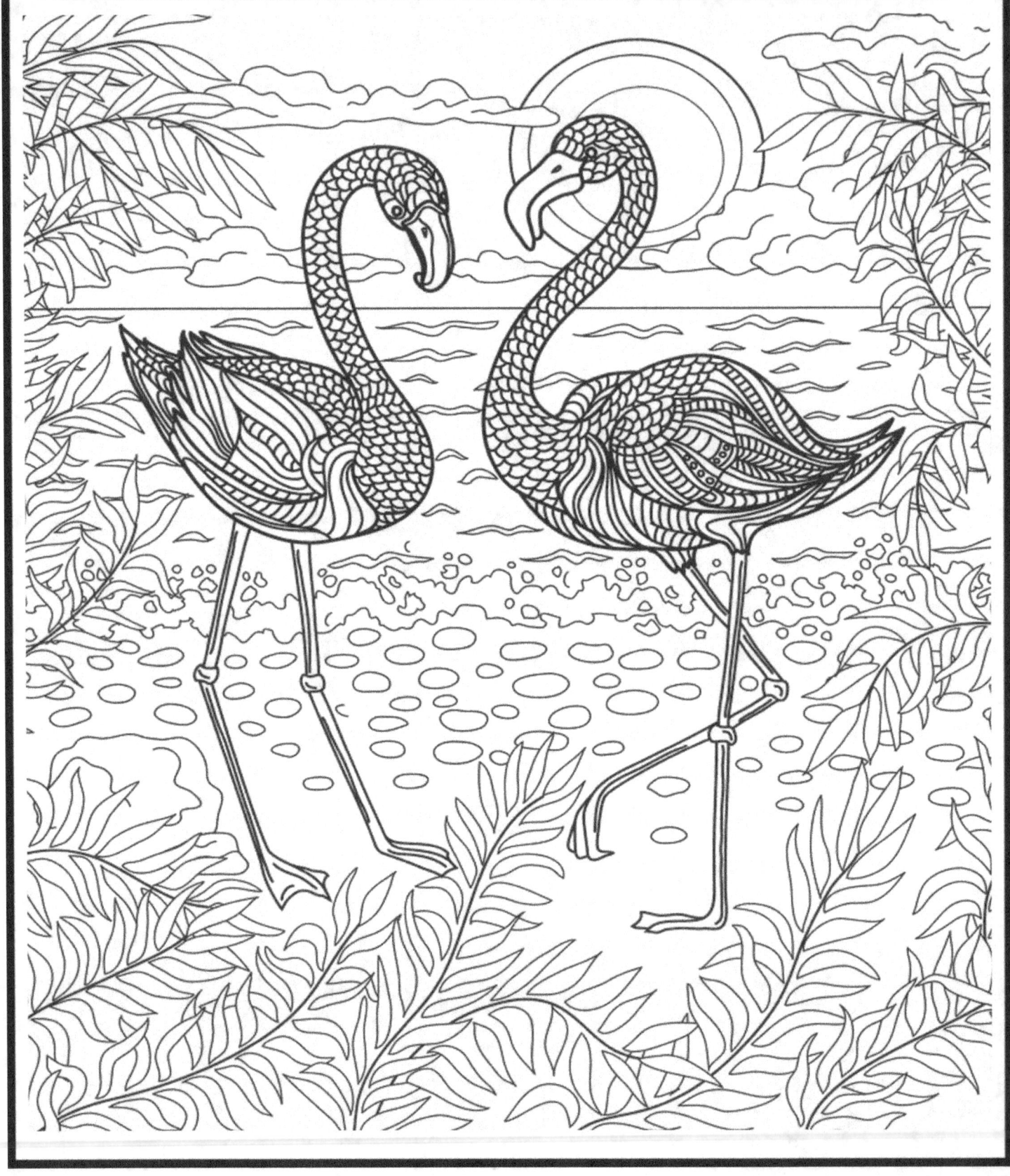

Color Esta Flamenco

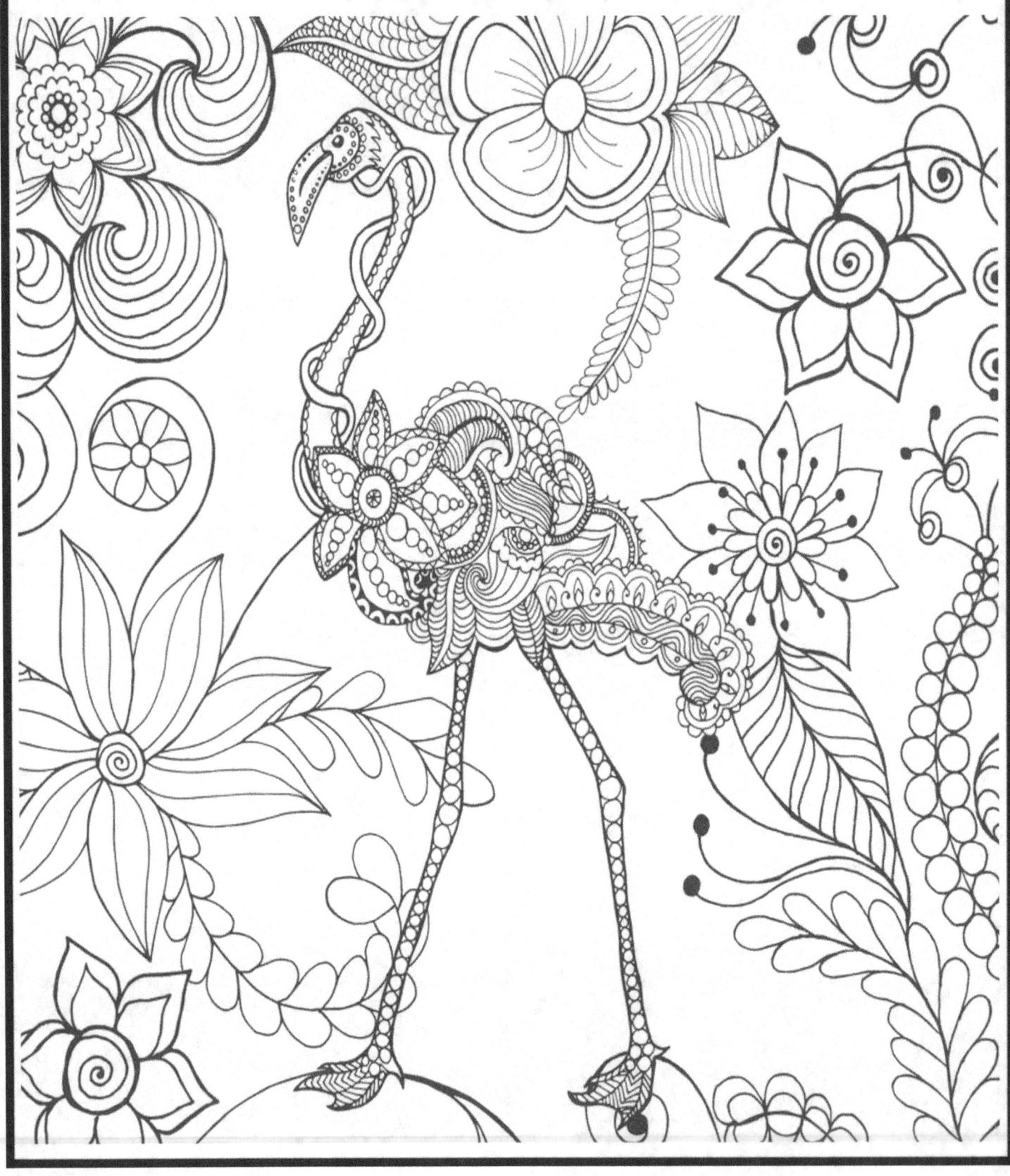

Color Esta Flamenco

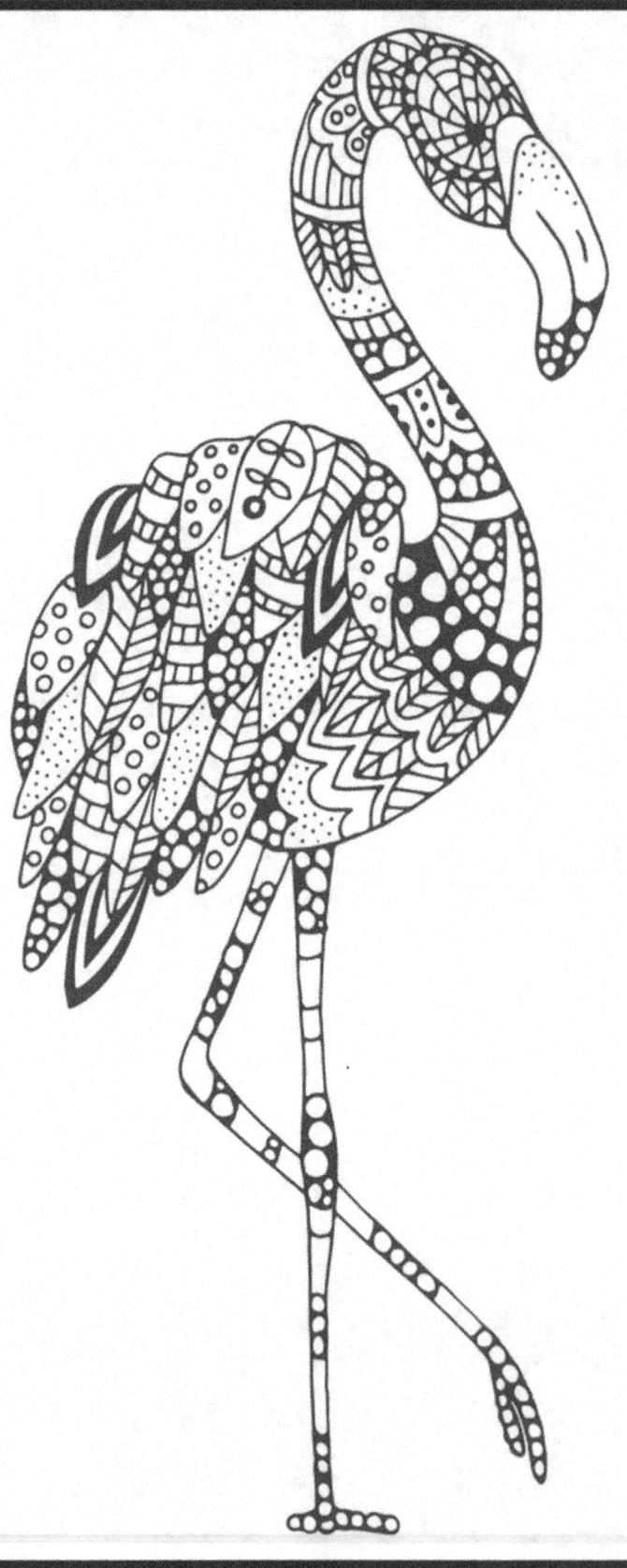

Color Esta Flamenco

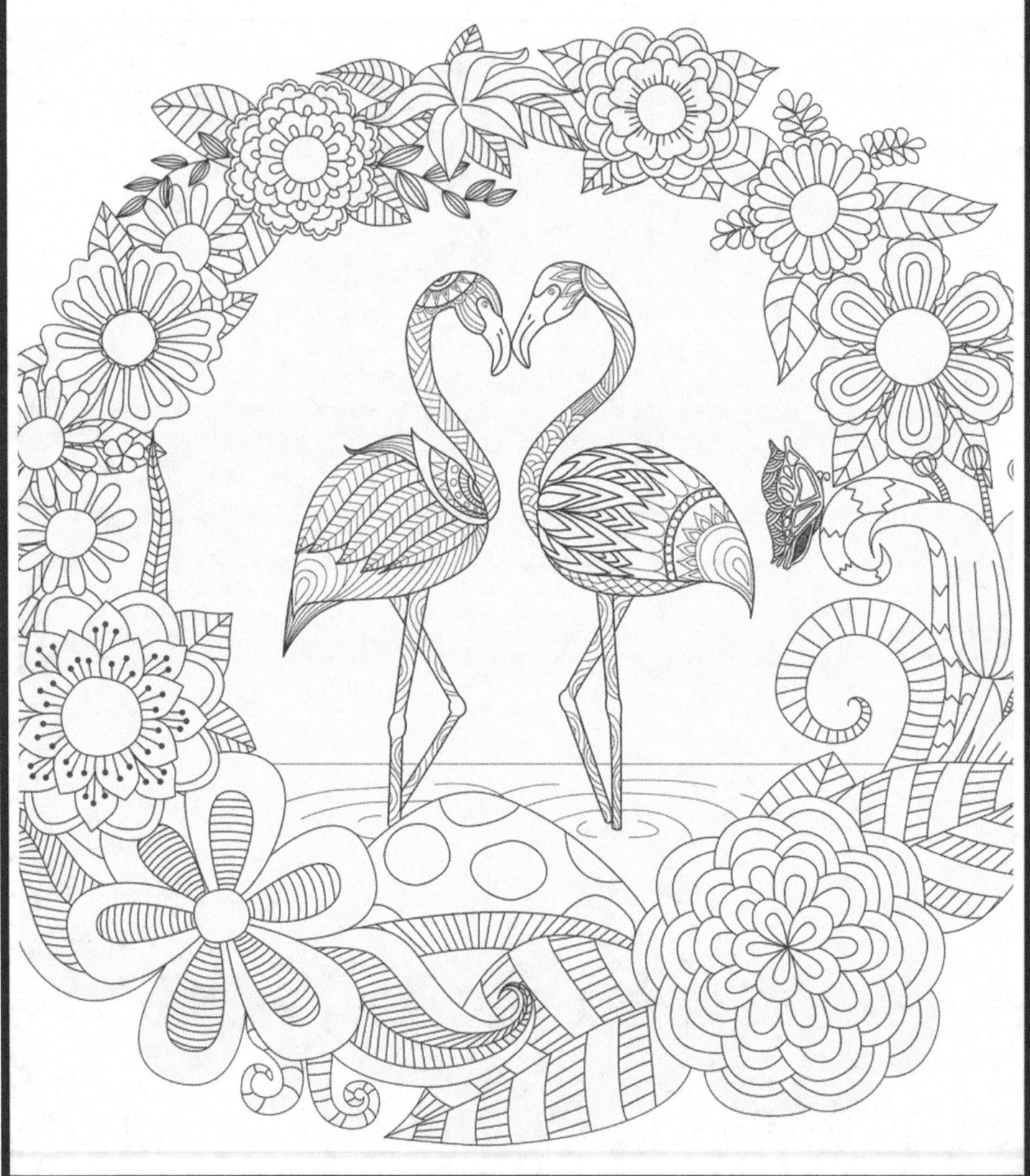

Color Esta Flamenco

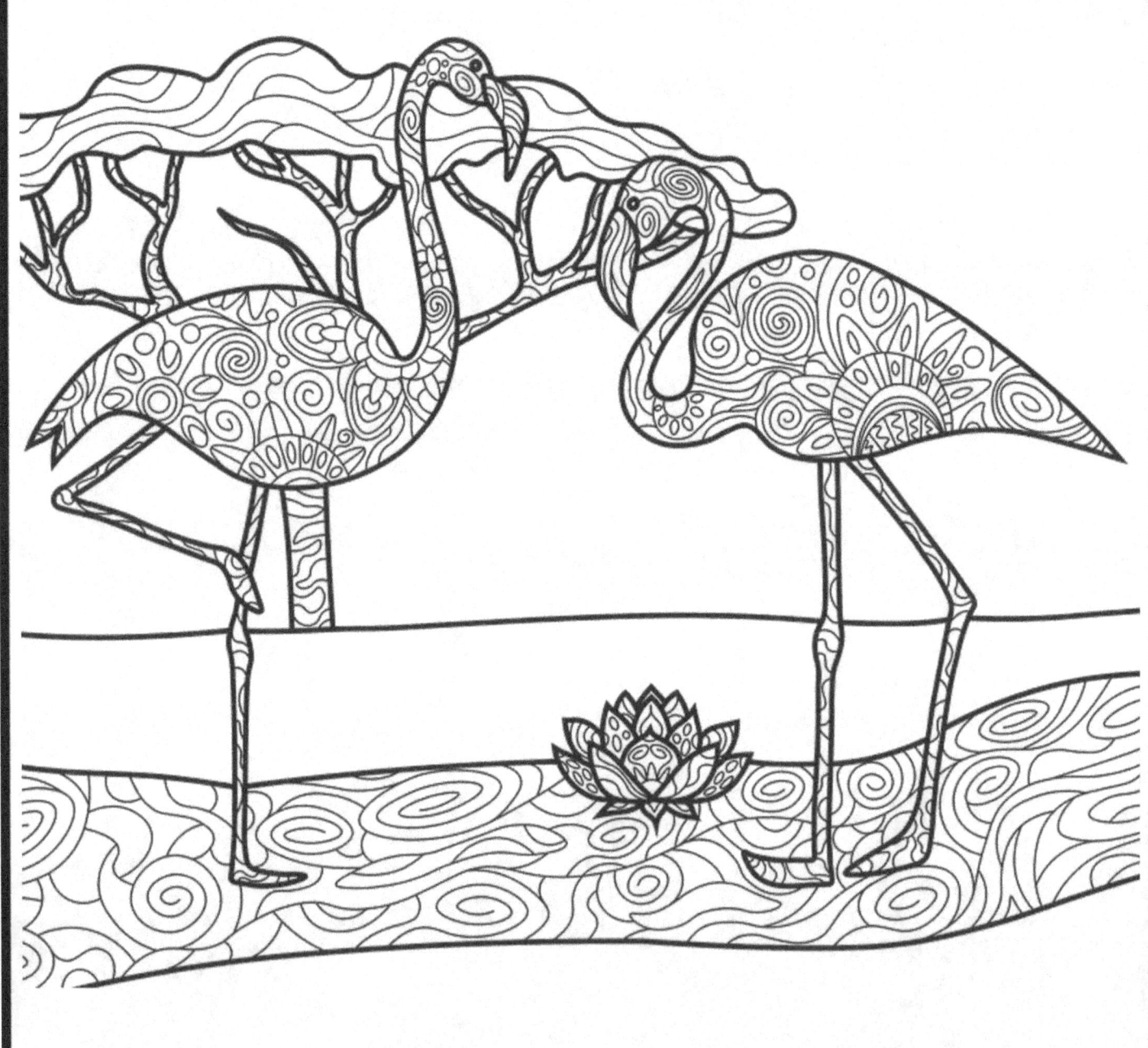

Color Esta Flamenco

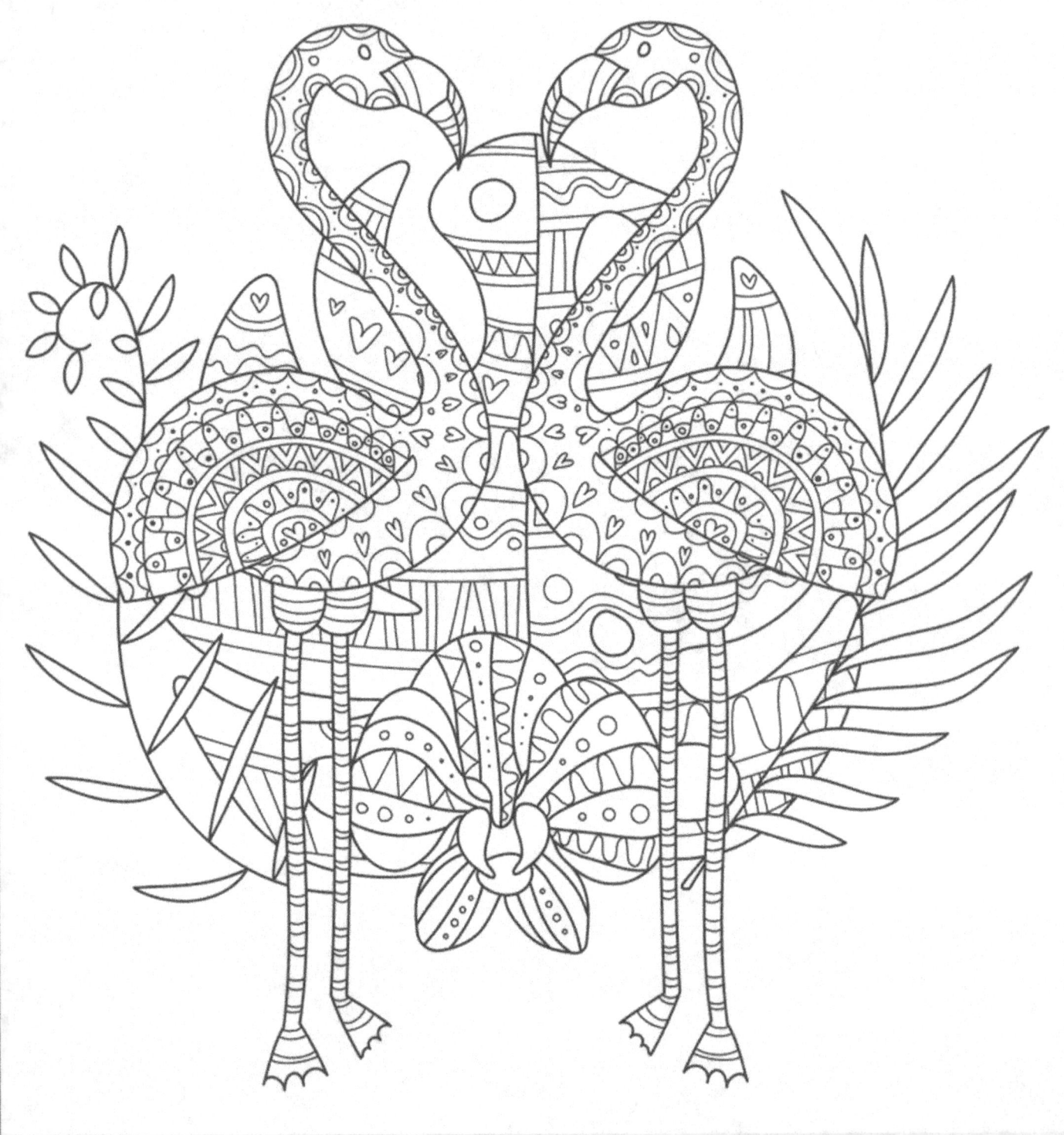

Color Esta Flamenco

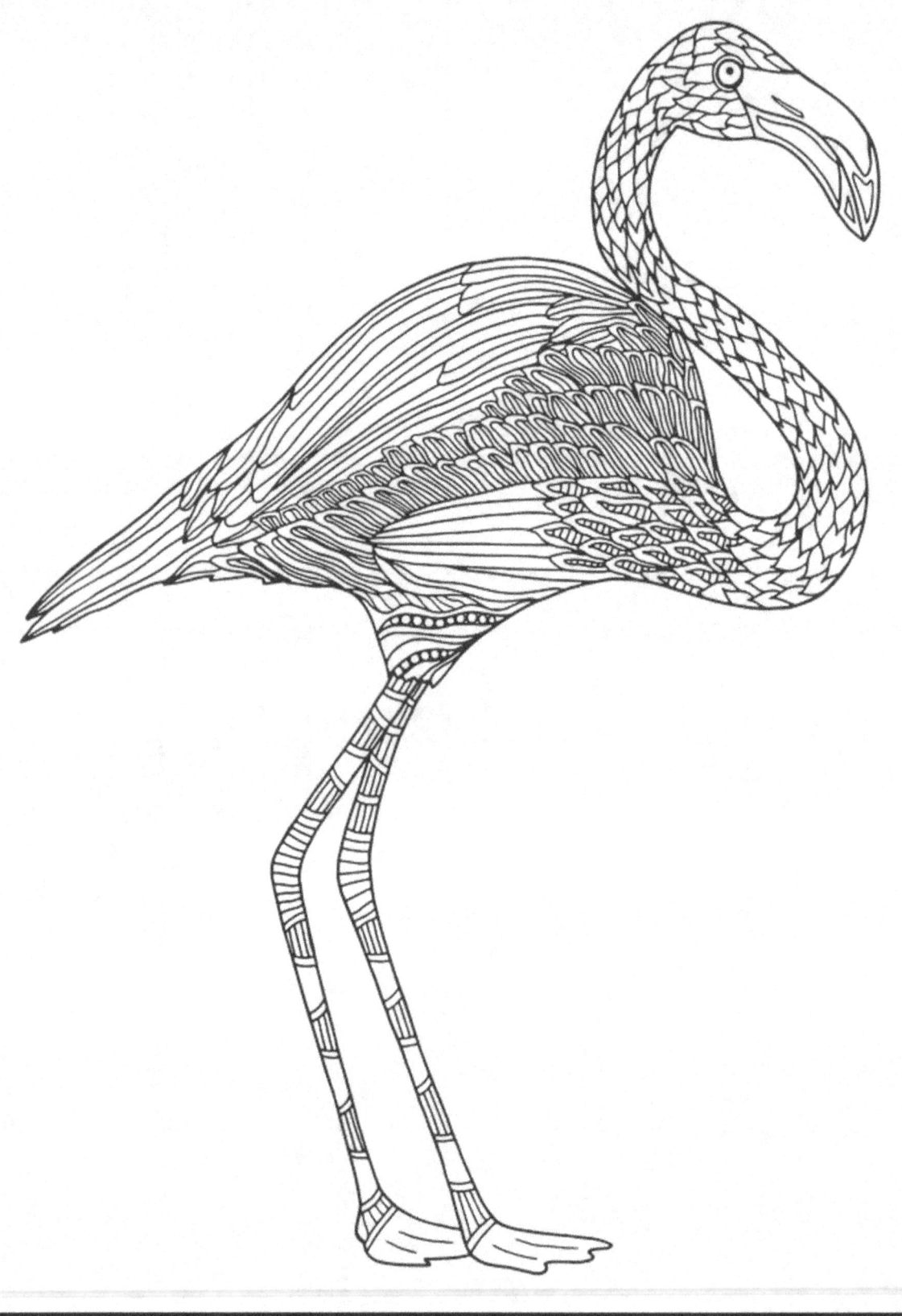

Color Esta Flamenco

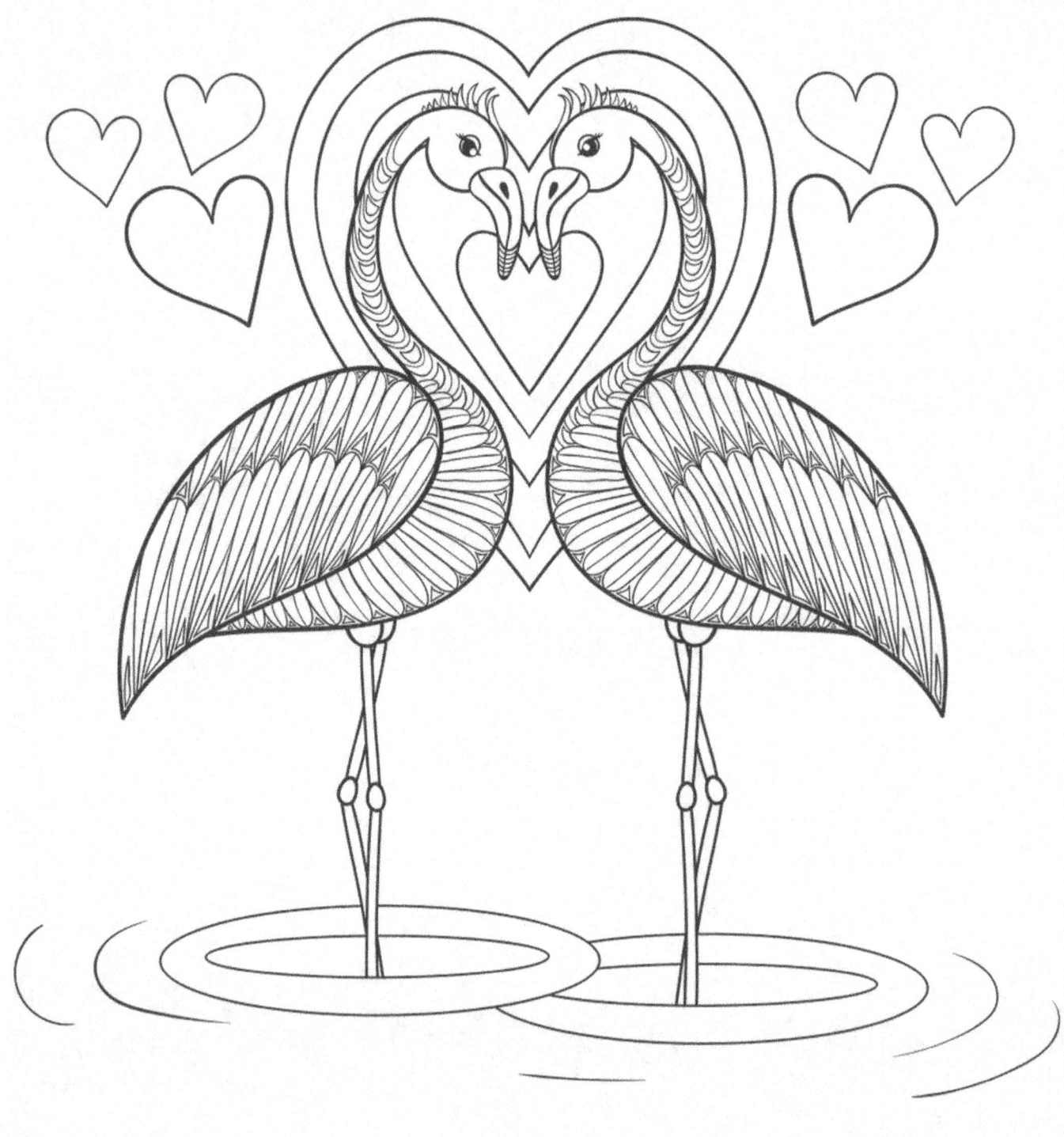

Color Esta Flamenco

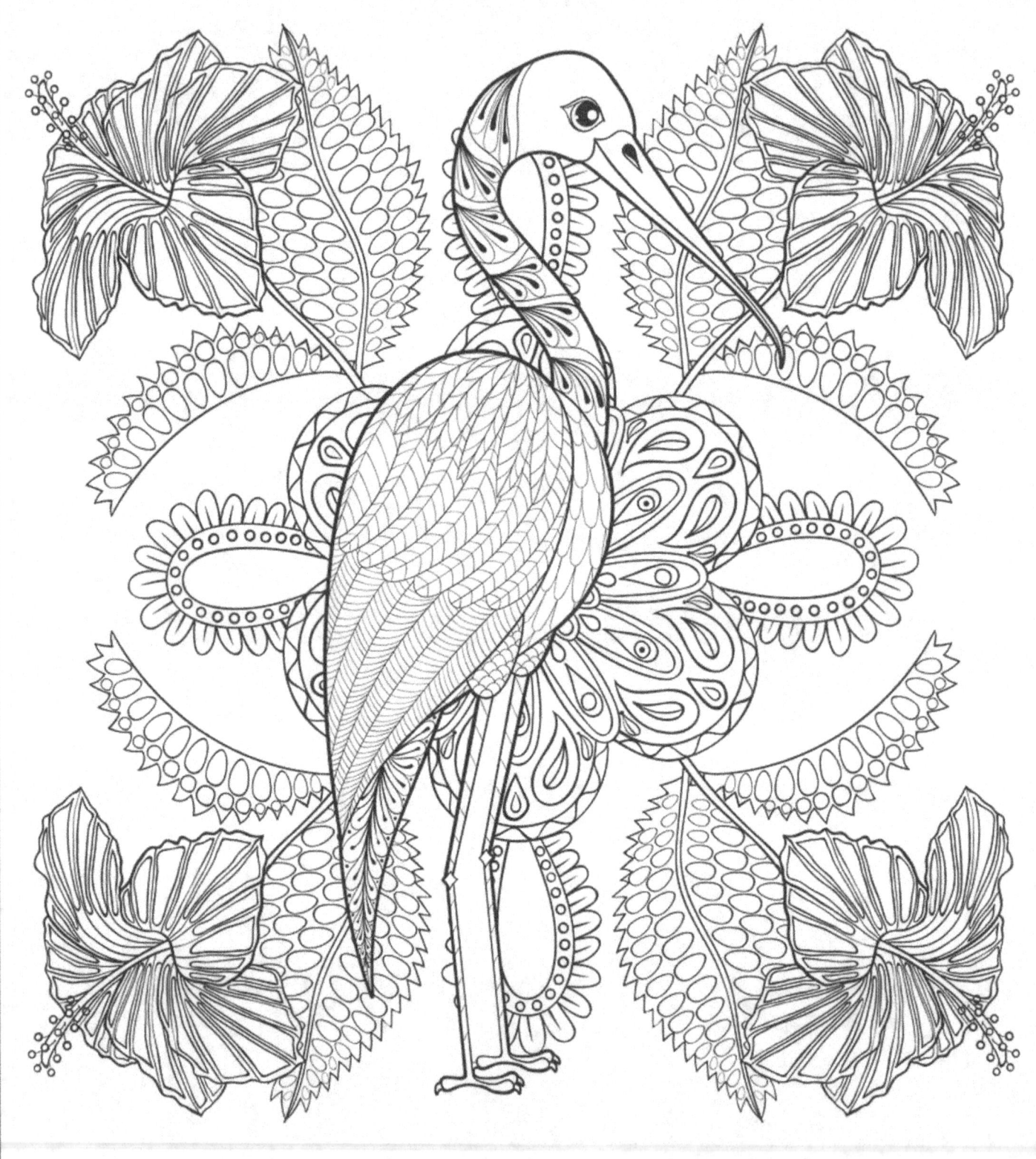

Color Esta Flamenco

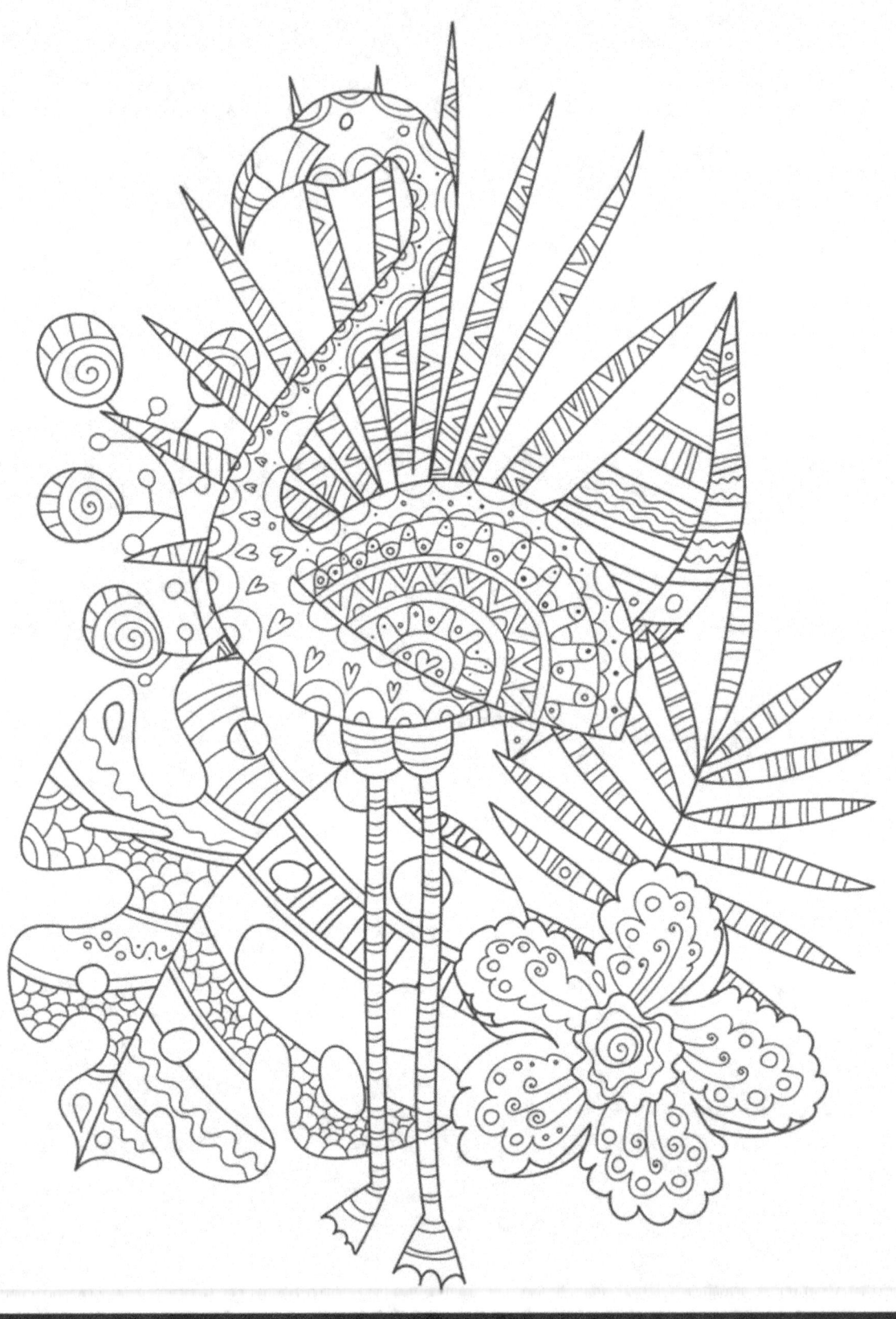

Color Esta Flamenco

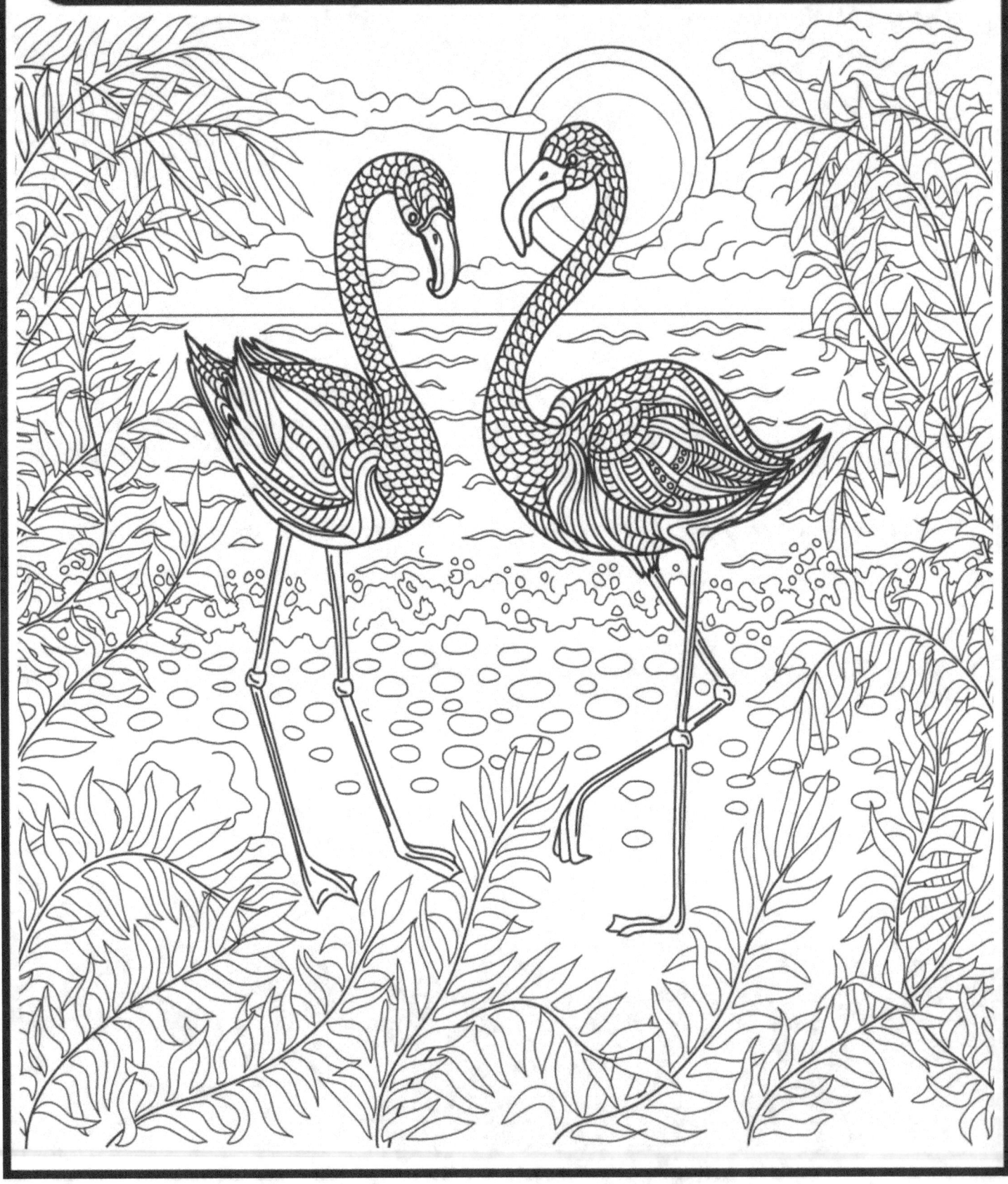

Color Esta Flamenco

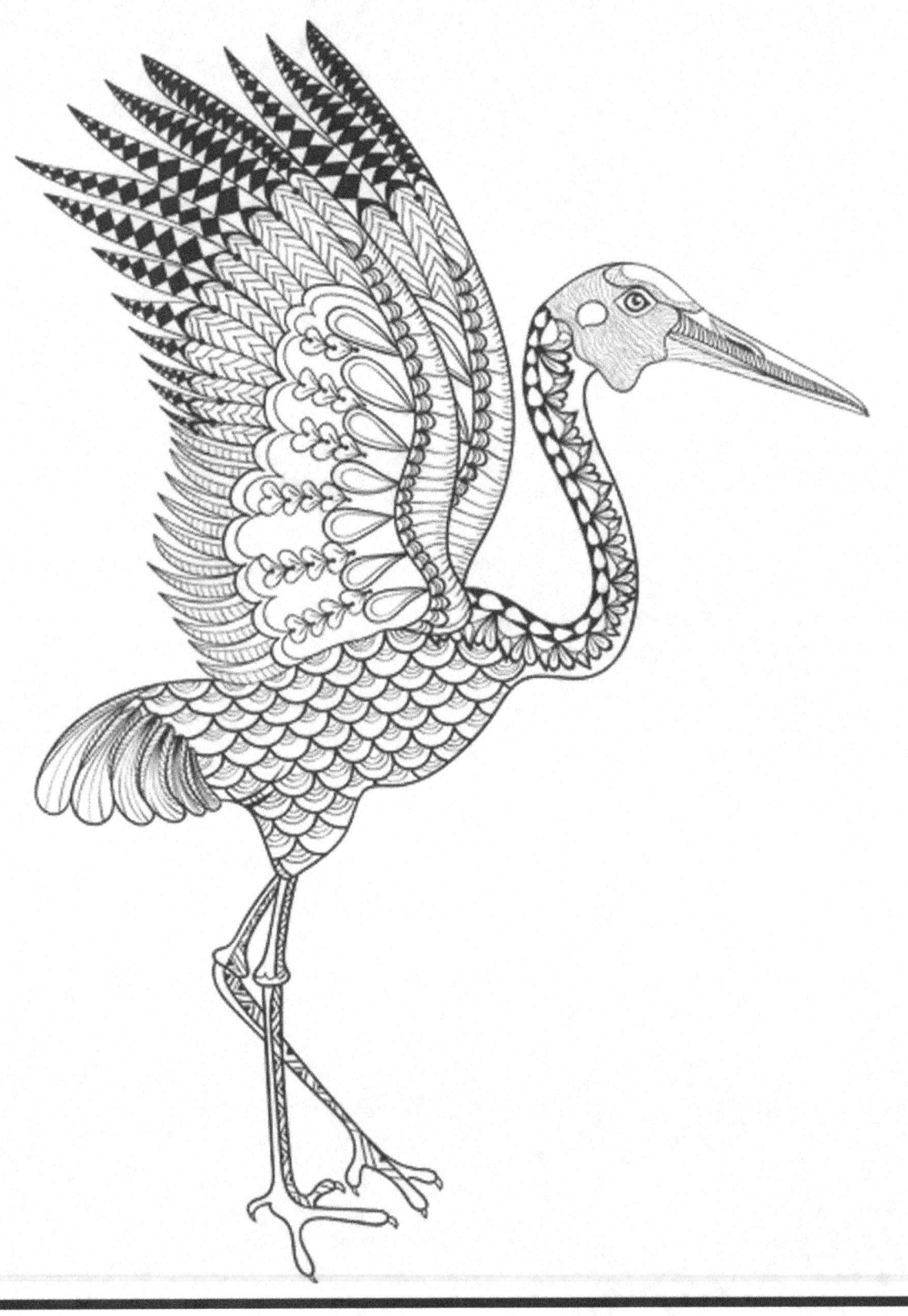

Color Esta Flamenco

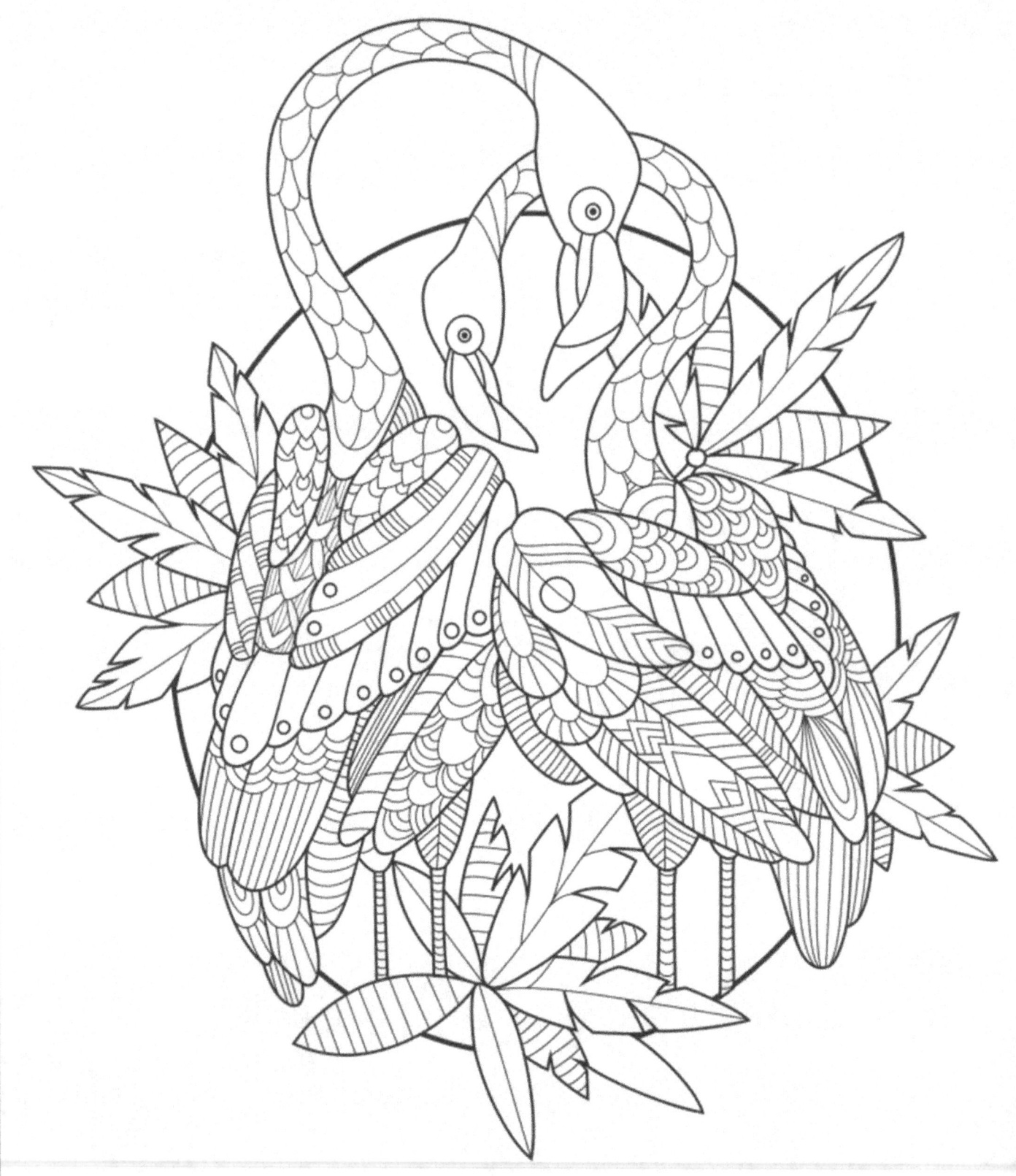

Color Esta Flamenco

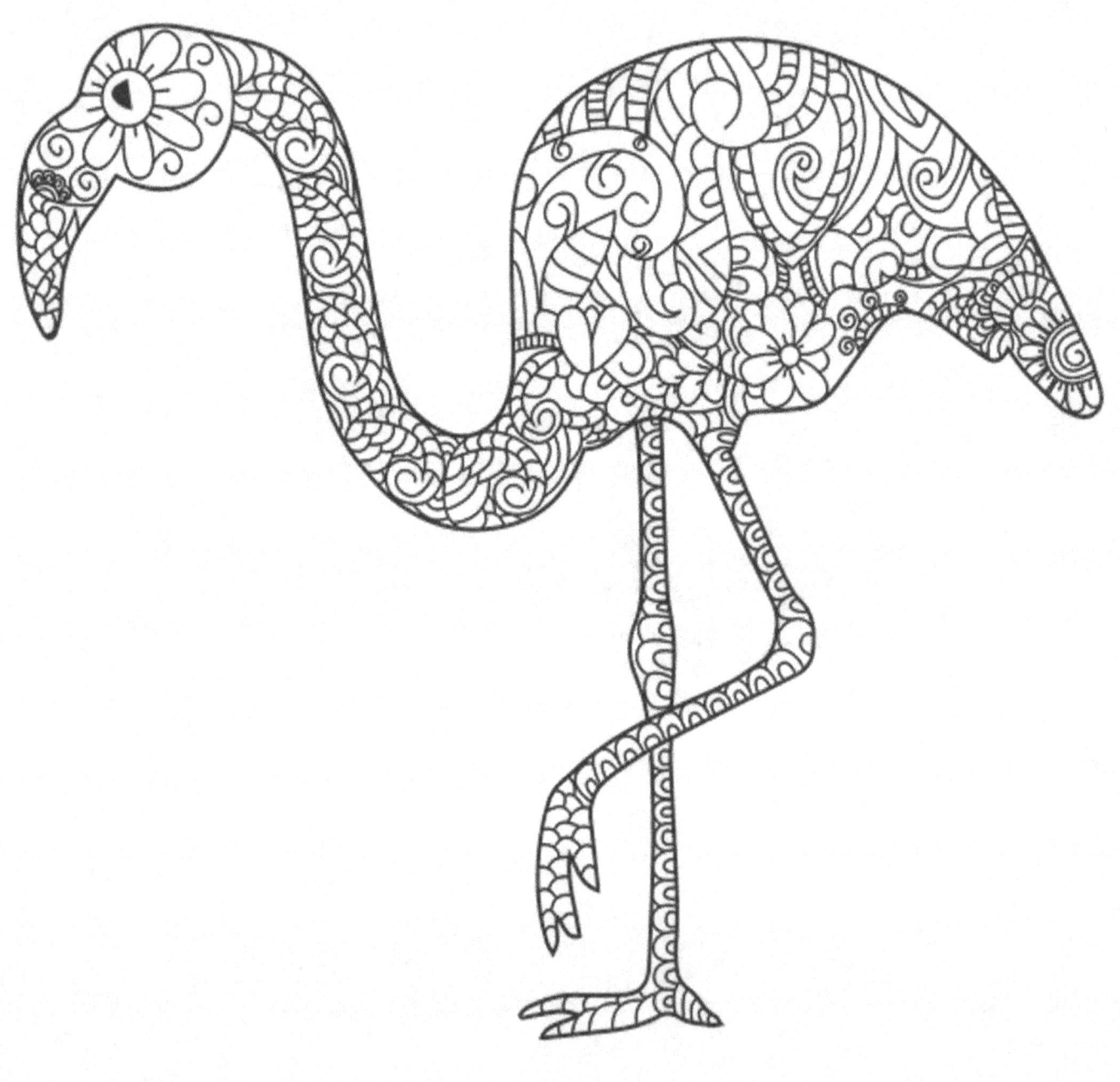

Color Esta Flamenco

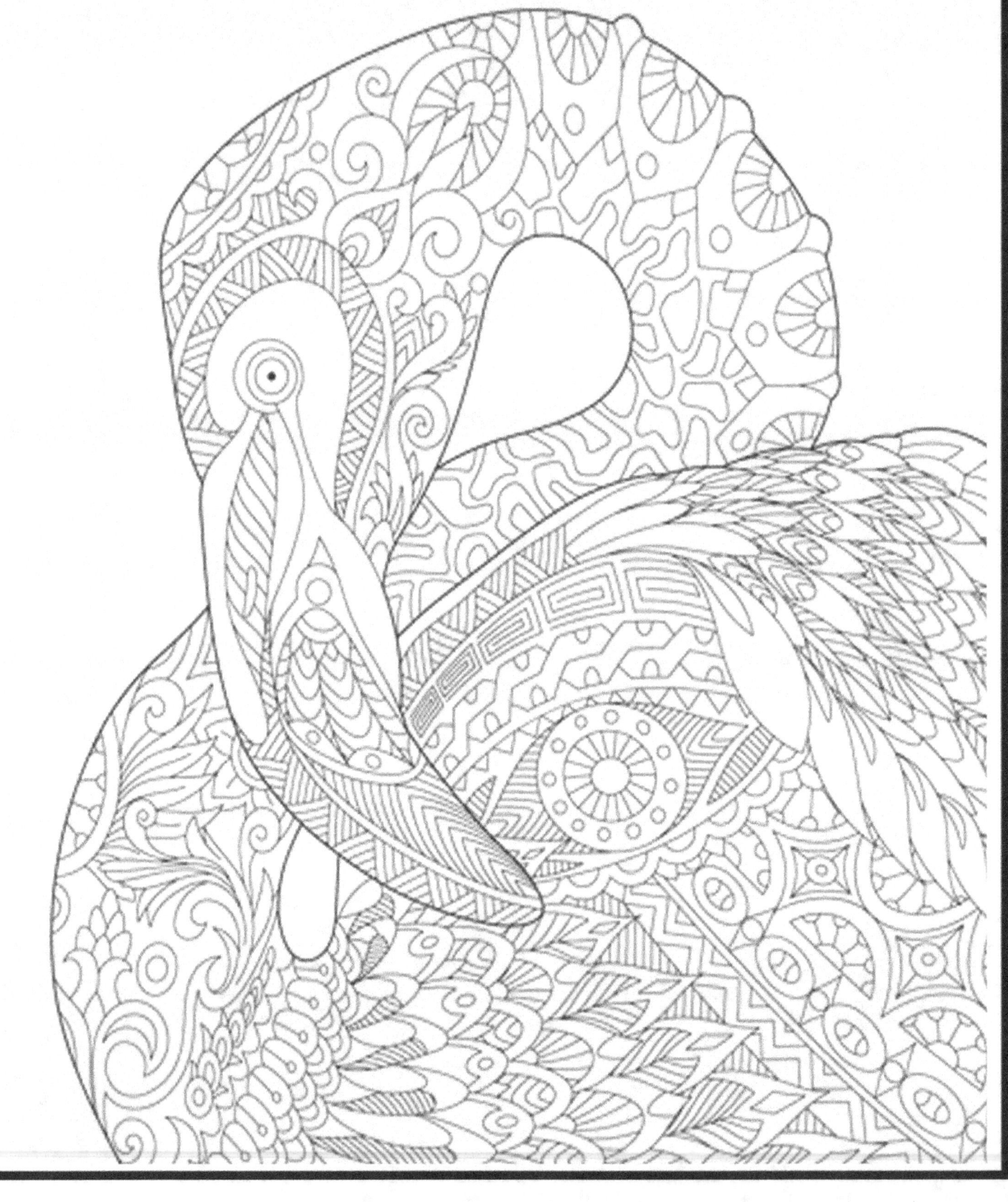

Color Esta Flamenco

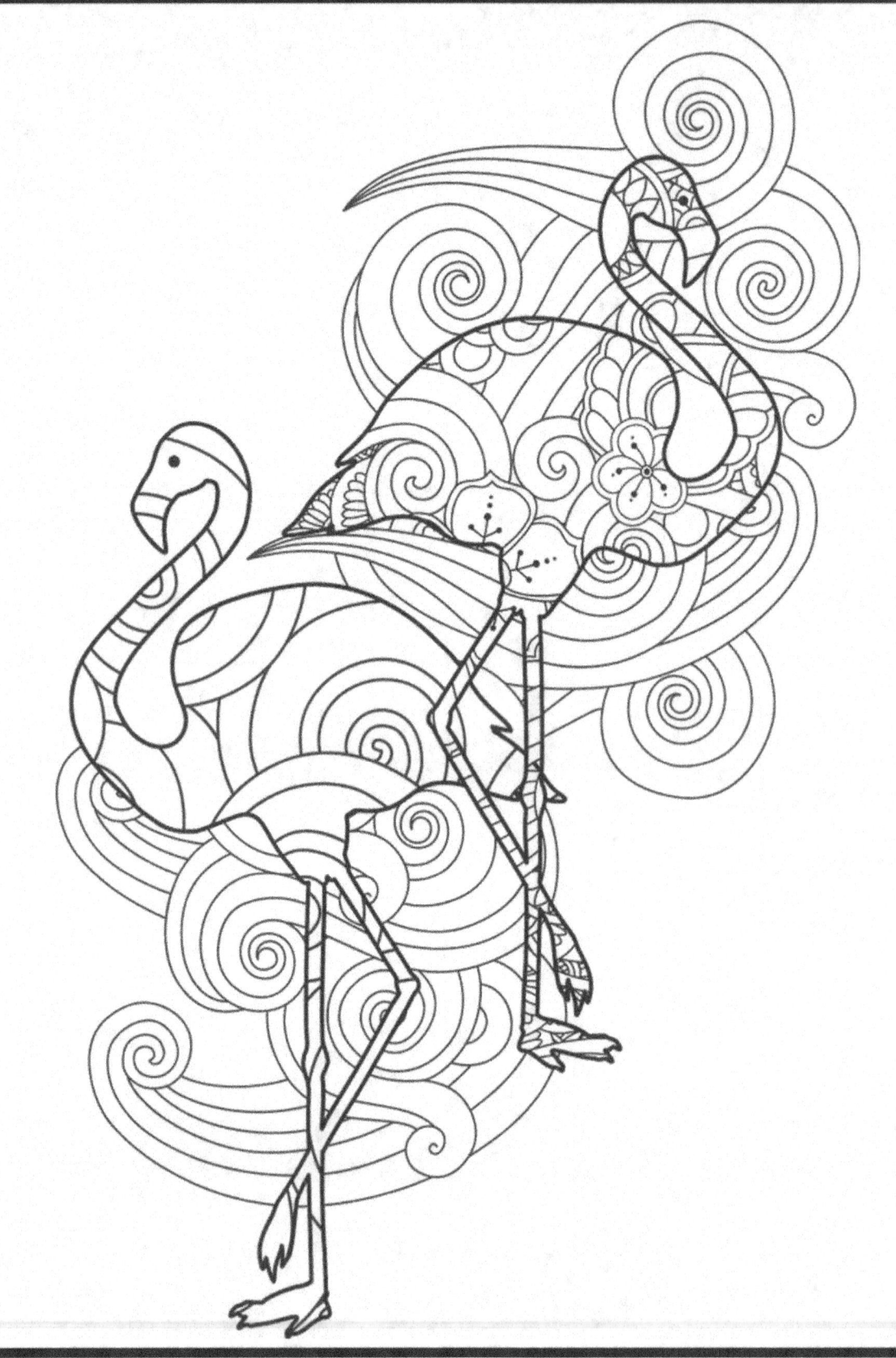

Color Esta Flamenco

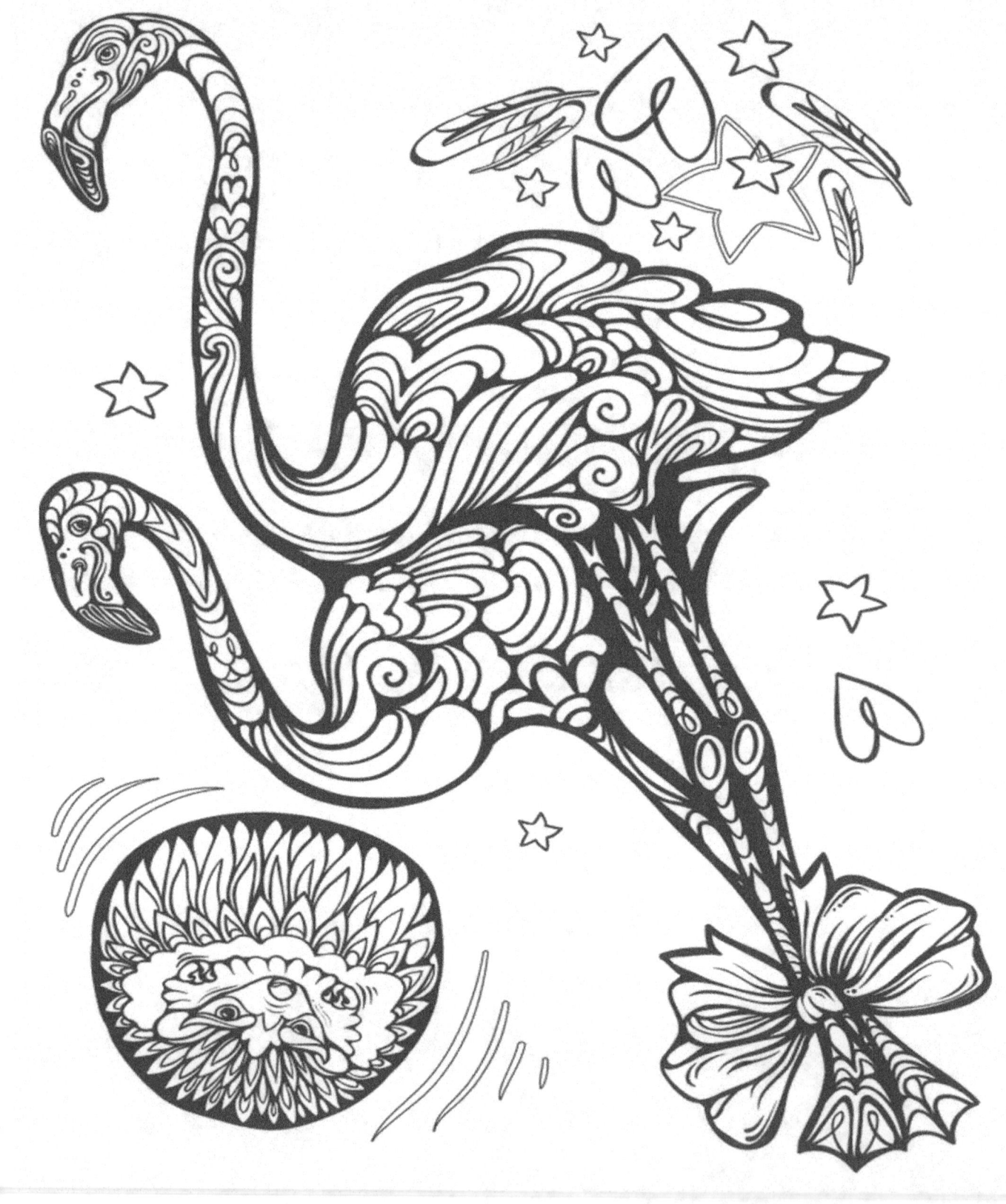

Color Esta Flamenco

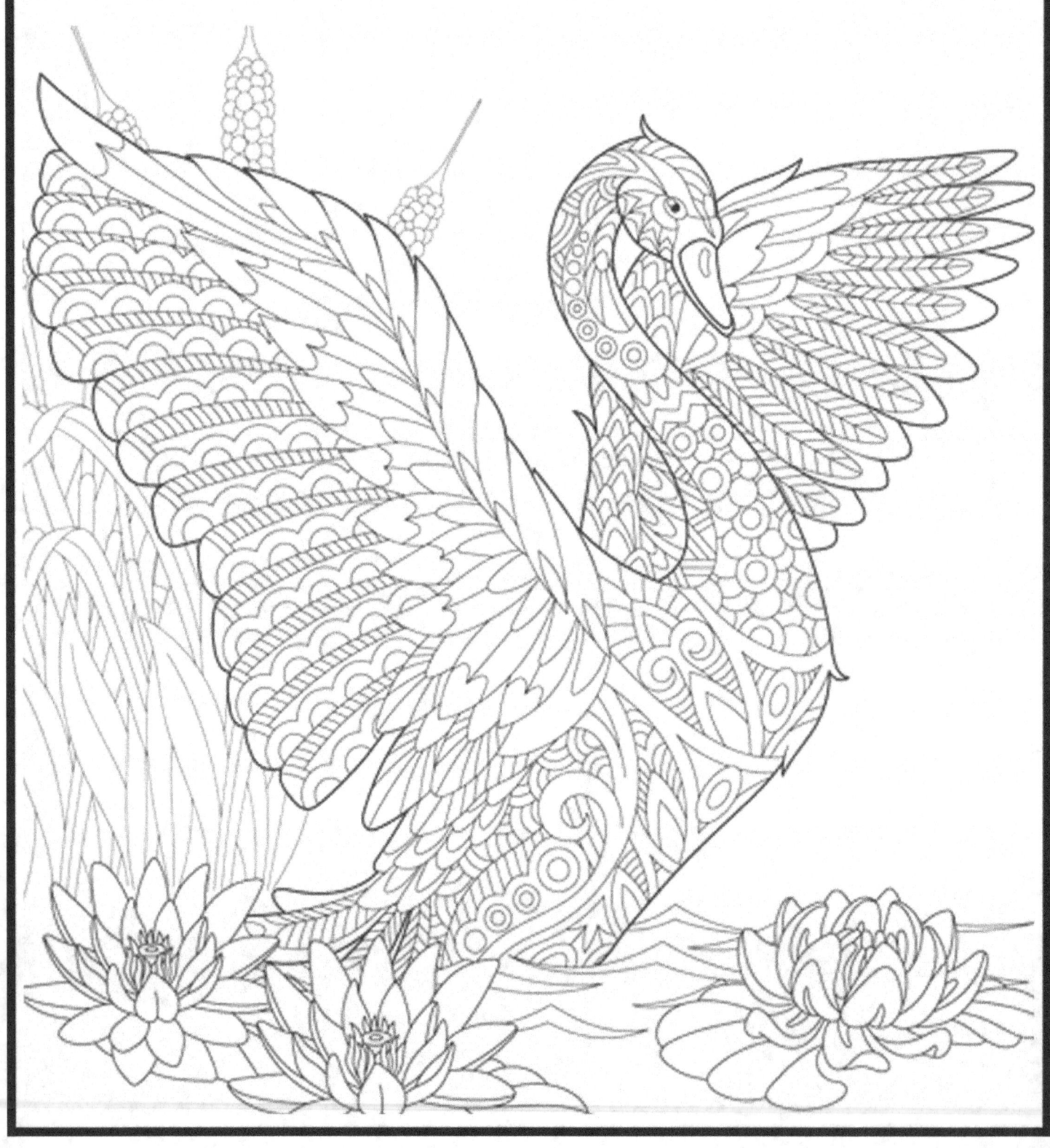

Color Esta Flamenco

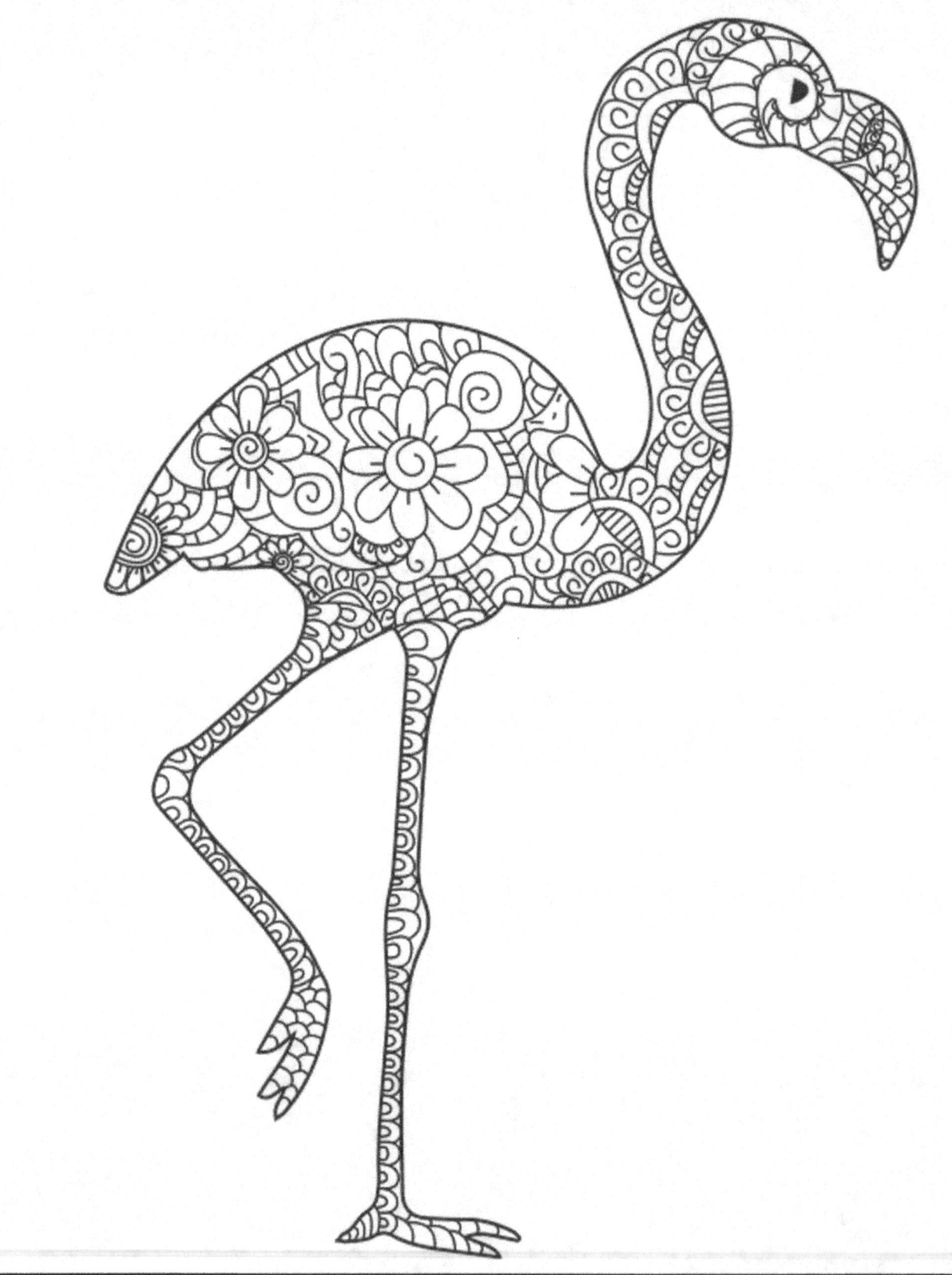

Color Esta Flamenco

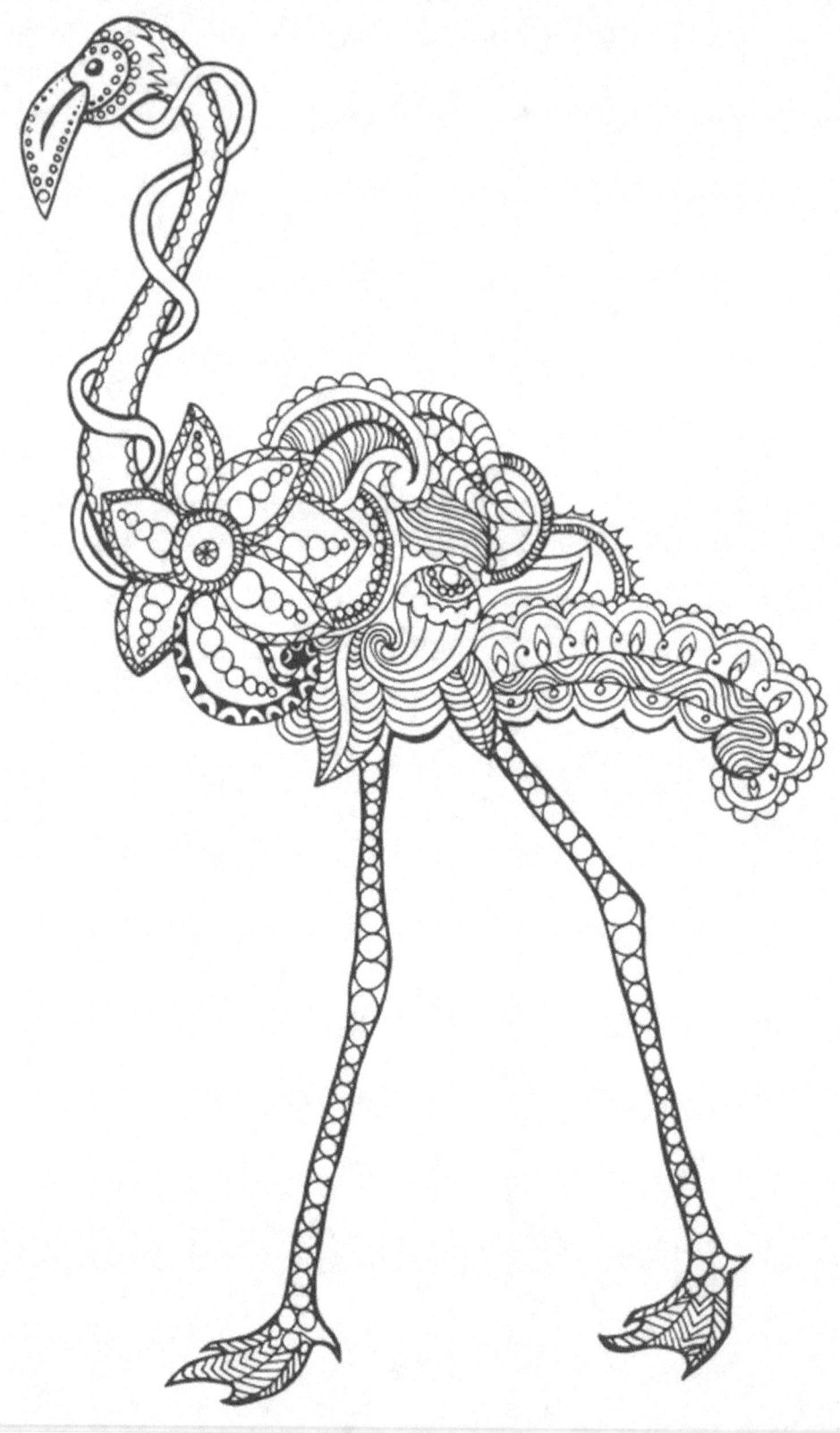

Color Esta Flamenco

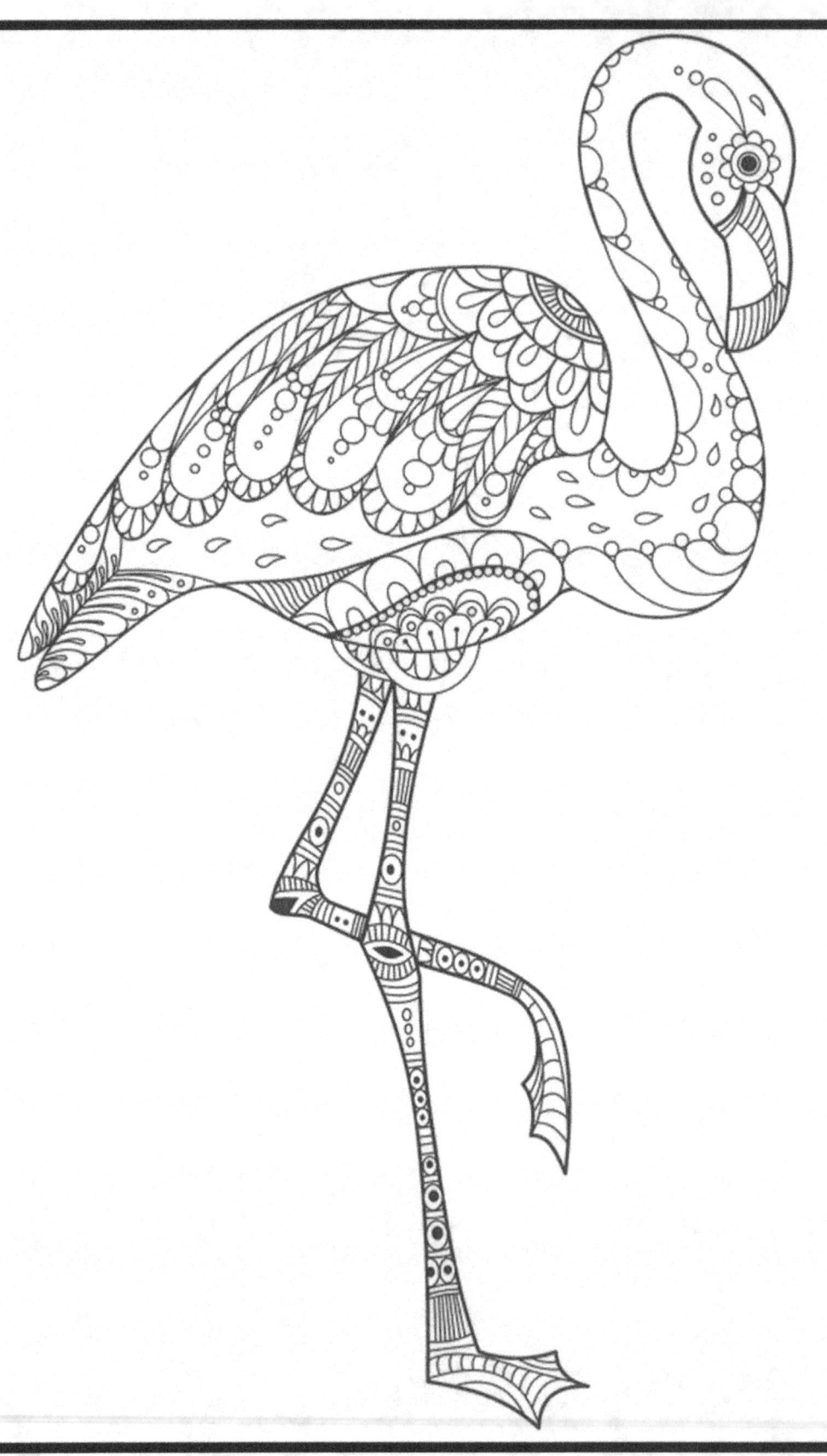

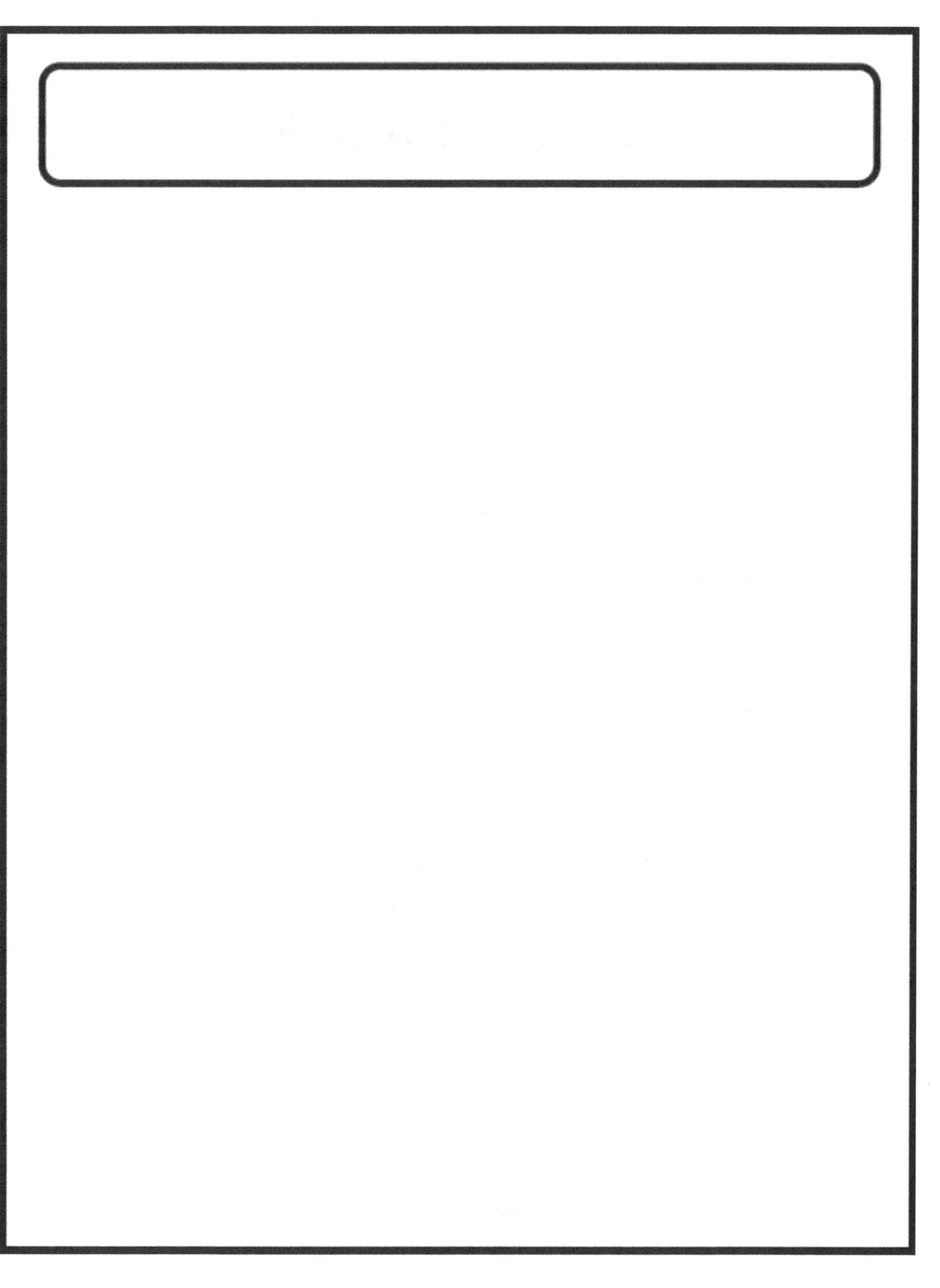

Color Esta Flamenco

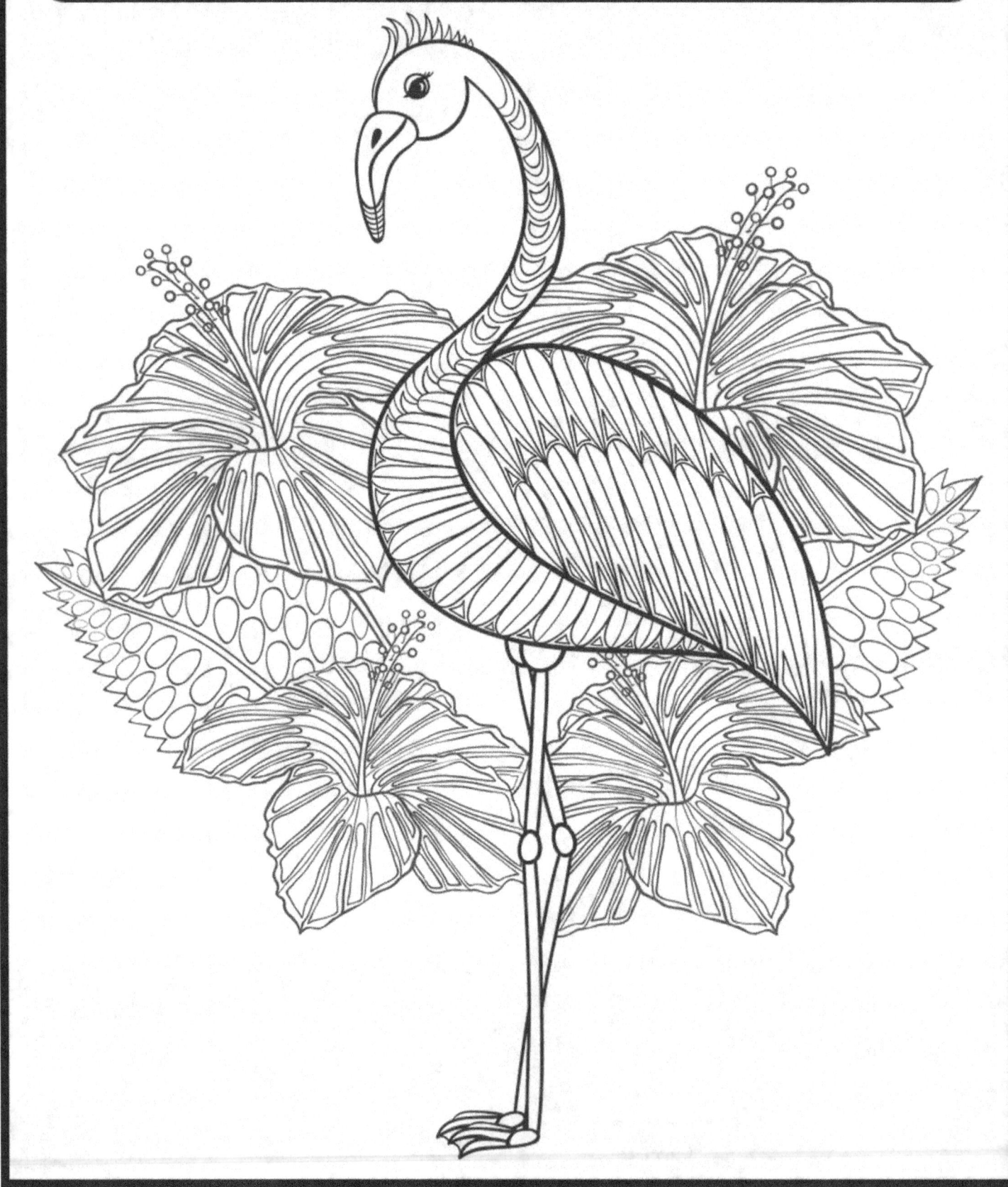

Color Esta Flamenco

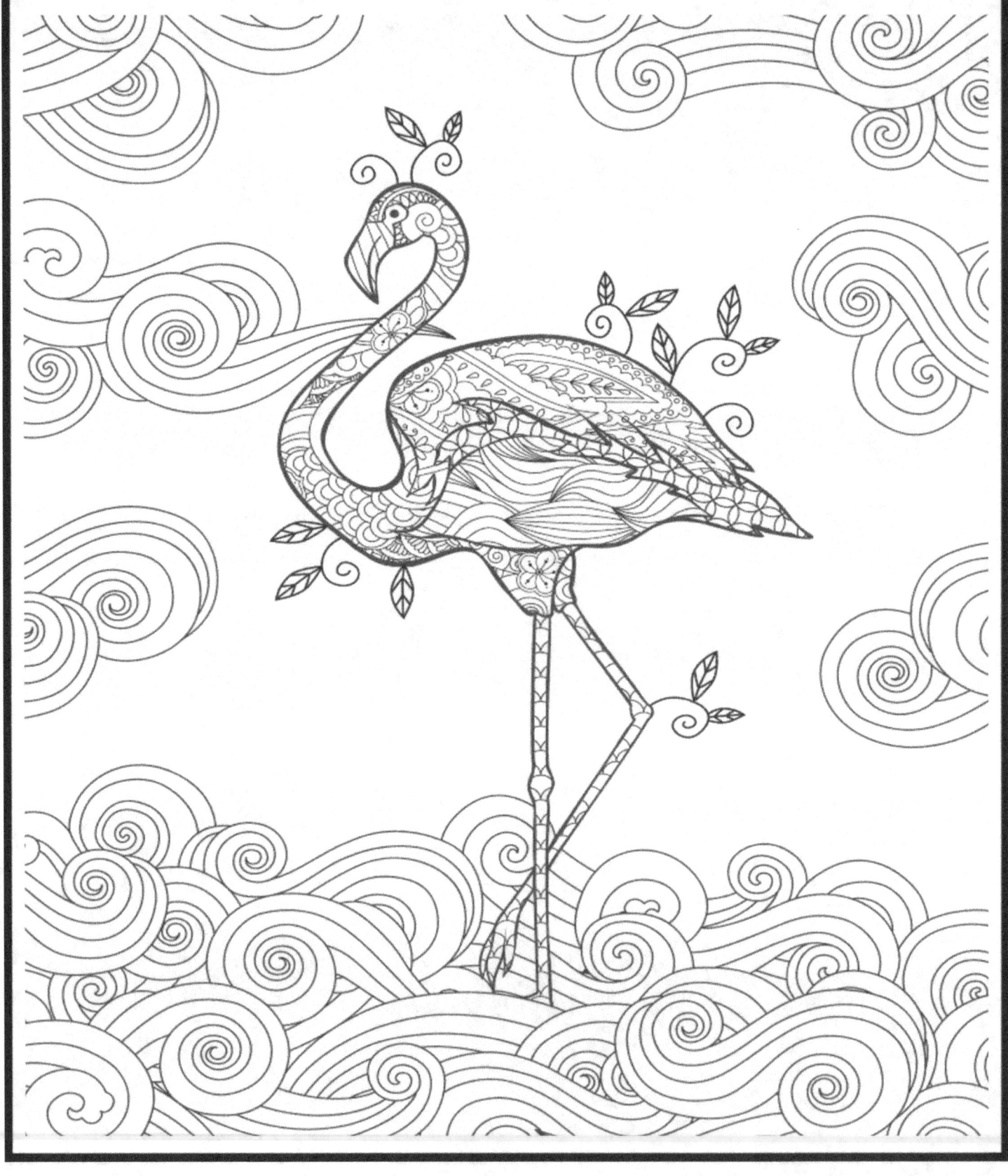

www.ingramcontent.com/pod-product-compliance
Lightning Source LLC
Chambersburg PA
CBHW080531220526
45465CB00006B/2669